죽음의 문턱을 세 번씩 넘나든
현직 소방서장의 메시지

죽음의 문턱을 세 번씩 넘나든 현직 소방서장의 메시지

초판 1쇄 발행 2023년 8월 18일

지은이 주진복
펴낸이 장길수
펴낸곳 지식과감성#
출판등록 제2012-000081호

교정 정은솔
디자인 서혜인
편집 서혜인
검수 이주연, 윤혜성
마케팅 김윤길

주소 서울시 금천구 벚꽃로298 대륭포스트타워6차 1212호
전화 070-4651-3730~4
팩스 070-4325-7006
이메일 ksbookup@naver.com
홈페이지 www.knsbookup.com

ISBN 979-11-392-1251-8(03810)
값 16,700원

· 이 책의 판권은 지은이에게 있습니다.
· 이 책 내용의 전부 또는 일부를 재사용하려면 반드시 지은이의 서면 동의를 받아야 합니다.
· 잘못된 책은 구입하신 곳에서 바꾸어 드립니다.

지식과감성#
홈페이지 바로가기

책 읽기와 글쓰기! 최선을 다하는 삶!

죽음의 문턱을 세 번씩 넘나든

현직 소방서장의 메시지

주진복 지음

"살고 싶은 이유가 생겼다. 죽음보다 못할 게 뭐 있겠는가?"

동료 직원을 죽을지도 모르는 화재 현장 불길 속으로 들여보내야 할지
아니면 직원의 안전을 생각해서 진입하지 말라고 지시를 해야 할지
이 고뇌에 찬 지휘관의 심정을 여러분은 아십니까?

지식과감정

소방서장의 역할

지난 2022년 10월 29일 서울 용산구 이태원 사고로 ○○ 소방서장이 입건되는 등 전체 소방 조직 구성원들의 사기를 떨어뜨리는 초유의 사태가 발생하였다.

누구의 잘잘못을 따지기 이전에 소방서장도 사람임에는 틀림없다. 소방서장이 재난 현장의 최고 지휘관 임무를 수행하기는 하지만 만능은 아니다.

여기서 소방서장의 역할에 대해서 짧게 언급해 보고자 한다.

소방서장은 재난 발생 시에 현장에서 인명 구조와 화재 진압 등의 긴급 구조 작업을 지휘한다. 각종 대처해야 할 재난의 유형과 규모, 그리고 재난 현장 상황 등을 빠르게 파악하고, 대응 계획을 수립한다.

이를 위해서 다양한 재난 대응 절차와 방법, 재난 대응 인력 및 장비 등에 대한 전문적인 지식과 경험이 필요하다.

또한, 소방서장은 재난 현장에서 다른 긴급 구조 지원 기관 등의 조율과 협력을 통해 적극적으로 대처하여 현장에서의 안전을 최우선적으로 고려하여 구조 작업을 실시한다.

그러기 위해서는 소방서장의 상황 파악 능력과 의사소통 능력, 리더십 등의 역량이 필요하다.

재난 발생 후에는 재난 현장에서 인명 구조 및 화재 진압 작업을 직접 지휘하면서, 부상자 구조 및 신속한 응급처치 등을 위한 구조 작업을 이끌어 나간다.

따라서 소방서장은 재난 발생 시에 매우 중요한 역할을 맡으며, 전문적인 역량과 경험이 필요하다.

소방서장은 외롭다.

각종 대형 재난 현장에서 동료 직원들의 목숨이 달린 선택과 판단을 늘 해야 한다.

최성기 화재 현장에서 인명을 구조해야 하는 상황에 놓여 있을 때 동료 직원을 죽을지도 모르는 재난 현장 불길 속으로 들여보내야 할지 아니면 직원의 안전을 생각해서 진입하지 말라고 지시를 해야 할지 이 고뇌에 찬 지휘관의 심정을 여러분은 아십니까?

First in, Last out!

추천사 - 1

내가 더 많은 사람들을 만나고 싶은 이유….

블로그를 하기 전 내가 만났던 사람들은 나의 환경과 세계관이 비슷한 사람들이었다. 글 쓰는 거 좋아서 시작한 블로그 글쓰기! 온라인 세상에서 다양한 사람들을 만났고 사람과 사람 간에 진심 어린 소통을 했다.

그러더니… 세상을 바라보고 사람을 대하는 나의 태도가 점점 달라지기 시작했고, 사람들에게 배운 단단한 삶의 태도들 덕분에 내 삶의 중심이 흔들려도 다시 오뚝이처럼 중심을 잡을 수 있었다.

나는 더 많은 사람들을 만나 그들의 삶의 역사를 통해 지혜와 용기를 배울 것이다.

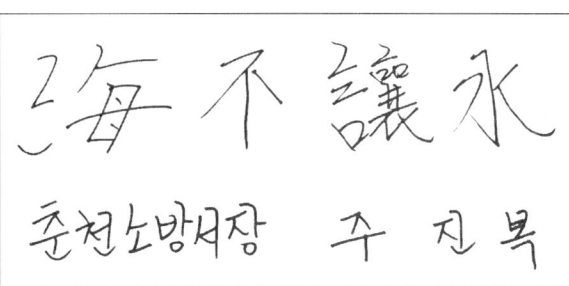

지난해 여름, 당일치기 여행으로 춘천을 다녀왔다. 실은… 블로그를 통해 귀한 인연을 맺은 한 분을 꼭 만나고 싶었기 때문이다.

2022년 6월, 무료 전자책을 배포했을 뿐인데… 고맙다는 답례 선물로 기공메자 님[2])께서 직접 재배하신 산양산삼과 고추를 보내 주셨다. 뭐랄까, 이런 선물을 받으면 나도 모르게 울컥함과 감사함, 감동이 한바탕 밀려온다.

춘천 소방서장으로 계신 기공메자 님.
태어나 처음으로 소방서를 들어가 보는 순간이었다.

춘천 소방서의 최고 리더로 계신 그분의 인품은 내가 꼭 배우고 싶은 부분이다.

코로나19가 확산되던 시기, 직원들과 대면이 어려운 상황에서 소통하는 방법을 고민하시다가 매월 2~3회씩 소통·공감의 글을 써서 전 직원들에게 보내셨다고.

---

2) 저자가 블로그에서 사용하는 닉네임

3개월 내내 직원들의 답장이 없었음에도 혼자만의 소통을 계속 이어 나가시면서도… 답장이 그리웠다는 말씀에…. (나 역시 두 달 넘게 이 끌어 가는 모임에 가… 끔… 혼자만의 소통을 할 때 답장이 그리웠지만…ㅋ)

답장이 오건 말건 계속 글을 써서 보냈다. (나랑 같은 마음이셨…!)
아니나 다를까 3개월쯤 지난 후 직원들 답장이 오기 시작했다. 무한 감동이었다.
그동안의 상심이 깡그리 없어졌다. 더 신나서 글을 쓰기 시작했다.
(《죽음의 문턱을 세 번씩 넘나든 현직 소방서장의 메시지》 中)

더 신나서 쓰셨던 기공메자 님의 글쓰기.
글쓰기와 독서가 기공메자 님에게 인생의 2막을 안겨다 주는 듯하다.

공무원 사회에서 틀을 깨시기 위해 연 2회 저명인사를 초대하셔서 재테크와 공감 소통 교육을 하셨는데….

첫 번째는 '존 리' 님이 오셨고, 두 번째는 '김미경' 님이 연사로 특강을 해 주셨다고.

김미경 님을 섭외하신 기공메자 님… 너무 대단하시다.

이 사진을 보면 기공메자 님은 참으로 순탄하게 살아오셨던 것 같지만… 책을 읽어 보니 죽음과 삶의 경계를 세 번이나 겪으셨다.

1) 뇌출혈 사고
2) 낭떠러지 추락 빗길 교통사고
3) 연탄가스 중독 사고

소방관 시험 합격 후 연탄가스가 방의 갈라진 틈 사이로 새어 나가 연탄가스에 취해 쓰러졌고, 신임 교육 과정 중 빗길에 교통사고가 나셔서 20미터 계곡으로 추락했는데 안전벨트를 안 매서 목숨을 건질 수 있으셨고, 업무 스트레스 누적으로 뇌출혈 사고가 있으셨었던… 이 스토리로 그 누구에게도 죽음이 예고 없이 찾아올 수 있다는 것을 다시금 깨닫는다.

35년 오랜 인고 끝에 어느덧 인생의 봄을 맞이하고 계신 기공메자 님. 앞으로 제2의 새로운 여정을 향해 도약을 준비하시는 듯하다.

무엇보다 본업을 퇴직하시기 직전, 소방서에서 책을 읽을 수 있도록 도서관과 글쓰기를 할 수 있는 환경을 조성하신 부분에 존경이 저절로 우러나왔다.

기공메자 님은 인생과 직업 마인드의 멘토 님이시다.

2023년 3월 23일
방탄렌즈의 지혜

추천사 - 2

《죽음의 문턱을 세 번씩 넘나든 현직 소방서장의 메시지》를 읽고….

요즘 TV를 보면 조금은 씁쓸하고 안타까운 점이 있습니다. 예전에 〈달동네〉, 〈전원일기〉, 〈서울의 달〉, 〈한지붕 세가족〉 등 서민들이 살아가는 이야기에 가족들이 저녁에 TV 앞에 옹기종기 모여 앉아 공감하며 울고 웃었던 기억이 있습니다.

제 아버지는 애주가라 늘 소주 한잔 걸치시면 유행가를 부르시며 가마솥에 튀긴 따끈따끈한 통닭 한 마리를 누런 봉투에 싸 가지고 들어오셔서 낡은 TV 앞에 가족들을 집합시키곤 했습니다. 그리곤 TV 앞에 온 가족이 모여 앉아 통닭을 먹으며 연속극을 봤었죠.

그런데 요즘은 재벌, 변호사 등 사회 특수 계층을 다루는 연속극이 그때의 서민극들을 대신하고 있습니다. 아쉬운 일입니다. 요즘

세계는 평균적으로 20% 특권층이 80%의 부를 차지하고 80%의 중산층 이하 서민이 나머지 20%의 부를 나누고 있다고들 하죠.

금수저와 흙수저로 신분을 나누는 사회적 양극화 현장에 자식을 키우는 아버지 입장에서는 심히 걱정스러운 게 사실입니다.

그런데 이런 메마른 마음을 단비같이 적셔 줄 봄 편지가 왔네요. ^^ 엊그제 서장님께서 본인의 인생사를 진솔하게 써 내려간 귀한 책을 PDF본으로 만들어 보내 주신 것입니다.

인생은 진실 앞에는 늘 겸손하기 마련인 것 같습니다. 어려웠던 학창 시절, 탄광촌에서의 생활, 소방관 입문, 예고 없이 찾아온 병마와의 싸움, 소방서장으로서의 삶, 제2의 인생을 위한 출발 사진과 함께 진솔하게 쓰인 글을 같은 소방관의 길을 걸어온 후배로서 참으로 공감하고 또 배우며 읽었습니다.

우리는 진심의 결핍 시대에 살고 있다고 합니다. 그래서 고독사, 은둔형 외톨이, 왕따, 갑질 등의 사회적 병리 현상이 파생되기도 합니다. 이 메마른 시대에 진심이 녹아 있는 서장님의 글을 보며 감사하기도 하고, 눈물이 많아지는 갱년기의 나이에 울컥하기도 했습니다.

"눈 덮인 광야를 걸어갈 때 함부로 걷지 마라. 오늘의 나의 발자국이 뒷사람의 이정표가 되리니….''라는 서산 대사의 말처럼 선배로서 걸어가는 길이 후배들에게 좋은 이정표가 되기를 기대하며, 저자이신 주진복 서장님의 제2의 인생을 축복합니다.

**2023년 2월 16일
직장 동료 권혁범**

추천사 - 3

기공메자 님(주진복), 최고의 전자책 감탄을 거듭하며 읽었습니다.

다소 목표에 대해서는 저돌적인 스타일의 저에게 삶에 있어 정말 소중한 것은 무엇인지 알려 준 책입니다.

이렇게 이야기로 감동을 전해 주셔서 감사합니다.

58p에서 '안전의 파수꾼'이라는 말을 쓰셨는데, 제 머릿속에 오랫동안 각인될 수식어입니다.

연탄가스와 추락 등, 불운의 사고가 있었음에도 살아 내시고 선한 활동을 이어 가시는 것은 기공메자 님께 기적이자, 사람들에게는 행운이 아닐까 싶습니다.

특히 개두술 과정과 그 회복기는 정말 인상 깊게 읽었습니다. 마치 영화의 한 장면을 시청하는 것처럼 느껴졌는데요, 가족의 소중함과 주변 인연의 고마움을 깨달았습니다.

정말 고생 많으셨겠습니다.

사실 저 같은 경우에는 단순 무식하게 지식을 쌓고 공부하는 것보다 한 명 한 명의 이야기를 들으며 공감하고, 사회 경험을 쌓는 것이 중요합니다.

기공메자 님의 이야기는 제게 정말 큰 도움이 되었습니다.

감사합니다:)

2023년 2월 4일
지식창업가 크리에이터 박상우(성장흐름)

프롤로그

나는 학창 시절과 직장 승진 시험 준비할 때 외에 자기 계발을 위해 특별히 독서나 글쓰기를 해 본 것은 손에 꼽을 정도로 얼마 안 된다.

인생의 전반기는 오로지 먹고살기 위해 바둥거렸다. 나는 그동안 '순리자'의 삶을 살아왔다.

《역행자》의 저자 자청은 95%의 인간은 타고난 유전자와 본성의 꼭두각시로 살아간다고 하였다. 나 역시 그중의 한 사람, 꼭두각시였다.

현실에 순응하고 안주하며 되는 대로 역본능의 삶을 살지 못했다. 아니, 역본능이 뭔지도 몰랐다.

그런데 드디어 기회가 왔다. 2022년 1월 4일 자 인사 발령에 의해 강원도 소방본부 소방행정 과장으로 근무하다가 춘천 소방서장으로 부임하게 되었다.

당시는 코로나19가 한참 확산하던 시기였다. 직원들과의 대면이 어려운 상황에서 고민을 했다.

어떻게 하면 직원들과 소통할 수 있을까? 장고(長考)를 하다가 "그래 맞아. 메신저가 있었구나."라는 생각이 들어서 행동으로 옮겼다.

매월 2~3회씩 직장 업무 외에 소통·공감 글을 써서 전 직원들에게 보냈다. 그런데 한동안 답장이 없었다. 나 혼자만의 소통이었다.

"답장을 왜 기다려! 그냥 하면 되지!"

그러나 '인지상정(人之常情)', 나도 사람인지라 답장이 그리웠다.

이후 답장이 오건 말건 계속 글을 써서 보냈다. 아니나 다를까 3개월 쯤 지난 후 직원들 답장이 오기 시작했다. 무한 감동이었다. 그동안의 상심이 깡그리 없어졌다. 더 신나서 글을 쓰기 시작했다.

또한 공무원 사회는 기본·전문 교육 외에 주로 성희롱 예방, 청렴 실천, 음주 운전 근절 등 공직 기강 확립을 위한 교육에만 치중되었다.

이러한 틀을 깨고자 연 2회 정도는 저명인사를 초빙해서 우리가 살아가는 데 필요한 재테크와 공감·소통 교육을 시도했다.

위와 같이 마음의 문을 열고 직원들과 공감대를 형성한 이후 2022년 2월부터는 퇴근 후 짬을 내어 블로그에 글을 써서 세상과 소통을 시작했다.

현재 2,100여 명의 서로이웃과 278개의 글로 나의 역량을 키워 나가고 있다.

지난 2022년 11월 공저(共著)에 참여하여 전자책 두 권(《나의 인생책 한권을 소개합니다.》, 《놓치고 싶지 않은 나의 꿈》)이 출간되었다.

나는 정년퇴직을 2년 앞두고 있다. 많은 퇴직자들은 나이를 탓한다. "이 나이에 무엇을 더 할 게 있나."라고 하며 그냥 좋아하는 취미 생활이나 하면서 여행을 즐기겠다고 생각한다. 그러나 경기는 아직 끝나지 않았다.

퇴직 후에도 삶의 경기장 밖으로 나오지 말고 속도를 조절해 가면서 계속 경기장 내에서 머무는 것이 중요하다.

즉 어떤 형태로든 경제 활동을 하면서 삶의 의미와 보람을 찾는 일을 하는 것이 좋다. 나는 그렇게 할 것이다. 그러기 위해서 지금 글을 쓰고 있는 게 아닌가.

"독서는 영혼의 약이다(Medicine for the soul)."라는 말이 있다. 이 문구는 고대 도시 국가 테베의 도서관 앞에 적혀 있다고 한다. 해외에서는 '독서 치료'가 각광을 받고 있다.

영국에서는 가벼운 우울증 환자에게 책을 우선 처방하는 의료 서비스가 2014년부터 본격화되었다.

독서는 삶에 지친 현대인들의 내면적 상처를 치유하고 희망의 끈을 놓지 않도록 하기 위한 매개물이다.

나는 아버지 면허증이 있다. 아버지로서의 자격을 유지하기 위해서 명심해야 할 것 세 가지만 소개하겠다.

첫 번째, '자살'도 '살자'로 읽는 눈을 갖겠습니다.
두 번째, 어떤 장애물도 걸림돌이 아닌 디딤돌로 삼는 발로 모범이 되겠습니다.
세 번째, 아버지가 자녀들에게 줄 수 있는 최고의 선물은 그 아이들의 어머니를 사랑해 주는 것임을 믿으며 부부 사랑을 실천하겠습니다.

진정한 아버지가 되기 위해서는 독서가 필수 과목이 되어야 한다. 독서와 글쓰기를 통해 돈으로 채울 수 없는 아버지 사랑을 실천하자.

소방관 아빠가 세 번씩이나 삶과 죽음의 기로에 섰던 경험을 토대로 쓴 개인 전자책을 수정·보완해서 종이책으로 발간하고자 한다.

이 책은 좁게는 공직(소방공무원 등)을 꿈꾸는 MZ세대에게 삶의 용기와 희망을 불어넣어 주고자 쓰였으며, 넓게는 아직까지 독서와 글쓰기를 해 보지 않은, 또는 망설이고 있는 모든 사람에게 도움의 되기를 바라는 마음으로 적었다.

2023년 5월
작가 주진복

목차

소방서장의 역할   4
추천사 - 1   6
추천사 - 2   12
추천사 - 3   15
프롤로그   18

1 태어난 이곳 태백, 탄광촌의 기억

- 광산 도시의 성장과 쇠퇴   28
- 돌아가신 아버지(광부)의 삶   31
- 아버지의 궤적을 따라가 보았다   34
- 소멸 위기에 놓인 태백의 미래 청사진 제언   37

2 배움의 진통과 사회생활 시작

- 대학 진학 과정에서 혼란을 겪다   40
- 대학을 가야만 하는 이유에 대한 고민   43
- 조기 사회생활 시작   45

3 안정적 직장과 결혼 그리고 배움의 목마름 해소

- Giver의 길인 소방관을 선택하다   50
- 내 인생의 안식처인 배우자를 만나다   52
- 17년 걸린 학사(방송통신대학) 자격   58

4 죽음과 삶의 경계에서

- 소방관 시험 합격 후 연탄가스 중독 사고   62
- 신임 기본 교육 과정 중 빗길 교통사고   64
- 업무 스트레스 누적 뇌출혈 사고   69
- 죽음의 문턱에서 느낄 수 있는 감정   88

5 35년 경력 소방서장의 성장 과정

- 새내기 소방관 시절의 추억　　　　　　　　　　　　　　92
- 그때 그날을 기억하는가　　　　　　　　　　　　　　　98
- 소방 간부(소방위/6급) 승진 시험 도전과 본부(상급 부서) 발탁　108
- 현장 최고 지휘관인 소방서장(4급)까지의 승진 과정　　　111

6 죽음을 경험하면서 느낀 삶의 방향

- 공직 생활 마지막 근무처인 줄 알았는데…　　　　　　　122
- 공무원 조직의 직장 교육 틀을 깨다　　　　　　　　　　127
- 생(生)을 다하는 날까지 성장을 멈추지 말자　　　　　　135
- 죽을 때 후회하지 않기 위한 삶의 지혜　　　　　　　　　141

에필로그　144
부록1 언론사 기고문 모음　147
부록2 직원들과 소통했던 공감 메일 모음　173
부록3 공감 메일 답변(피드백) 모음　229

1
태어난 이곳 태백, 탄광촌의 기억

광산 도시의 성장과 쇠퇴

사라져 가는 기억! 나의 고향 태백은 1970~1980년대 전국 석탄 생산량의 30%를 차지하면서 40여 개의 광업소가 운영되며 전국 제1의 광산 도시로 도약했다.

당시 태백에는 전국에서 광부를 하기 위한 노동자들이 다수 이주를 하였고 또 이들을 수용하기 위한 사택과 생활 인프라가 건설되었다. 이에 따라 도시 규모가 확장 되었고 광산 산업을 위한 시설들이 조성되었다. 광산의 성장과 함께 태백의 경제적인 발전도 이루어졌다.

아래 사진은 저자가 초·중학교 때 살던 집이다. 40여 년이 지났지만 아직도 남아 있었다.

 저자가 청년 시절, 태백 탄광 노동자의 삶이 어땠는지 회고해 보았다. 탄광은 광산에서 석탄을 채굴하는 작업을 의미한다. 탄광 노동자들은 일정한 근무 시간 동안 열악한 작업 환경의 지하 광산에서 노동을 수행했다. 광산은 어둡고 습기가 높으며 먼지와 가스 등 위험 요소들이 존재했기 때문에 안전에 대한 문제가 늘 도사리고 있었다. 이로 인해 가스 폭발, 무너짐, 갇힘 등의 사고가 빈번하게 발생하기도 했다.
 일상적으로는 신체적인 노력과 체력이 요구되는 무거운 작업을 수행해야 했다. 저자의 부친을 포함한 광부들은 많은 노동 시간과 고강도의 일을 하면서도 상대적으로 낮은 임금을 받았다. 이로 인해 경제적인 어려움을 겪는 경우가 많았고, 가족을 먹여 살리기 위해 힘들게 일하는 모습을 보아 왔다.
 그리고 당시 탄광촌의 풍속 하나를 소개하자면, 아이들이 그림을 그릴 때 냇물을 검게 그렸다. 각종 하천의 물이 모두 검었기 때문이었다. 또 돌 구이[2]를 즐겼다. 탄가루를 마시는 광부들의 몸에 좋다는

---

2) 하천에 있는 단단한 돌에 불을 피워 삼겹살을 구워 먹는 것

돼지고기와 계곡의 돌 구이는 궁합이 잘 맞았다. 공휴일이 되면 광부들은 평평한 바위 위에 고기를 얹어 구워 먹는 것을 즐겼다.

필자 또한 ○○광업소 근무 당시 쉬는 날 친구와 함께 가끔씩 계곡에 가서 돌이나 슬레이트 조각으로 소주와 함께 돼지고기를 구워 먹은 적이 있었다.

이후 광부들의 삶은 고단했지만, 인구 12만여 명이 북적대던 도시가 1989년 석탄 산업 합리화 조치 이후 2024년 말 대한석탄공사 장성광업소 폐광을 끝으로 인구 3만여 명의 도시 몰락 위기에 처해 있다.

이와 같이 역사가 말해 주고 있는 1970~1980년대의 대한민국 사회 발전의 중심지이자 원동력이 되었던 광산 도시 태백의 모습은 점차 사라져 가고 있다.

남아 있는 광산 도시 태백 시민들은 정부에 호소한다. "우리를 좀 살려 달라고, 뭘 먹고사느냐고." 애원을 하고 있다.

돌아가신 아버지(광부)의 삶

  필자의 아버지는 경상북도 봉화군 춘양면에서 태어났으며 17살이 던 1950년에 6.25 전쟁이 발생했다. 전쟁이 계속되다가 그해 11월 국군과 유엔군의 반격으로 인민군들이 북으로 퇴각하던 중 할아버지 집에 들이닥쳤다.

  인민군들은 할아버지를 위협하며 먹을거리를 요구했다. 할아버지는 겁에 질려 땅에 묻어 두었던 감자를 꺼내 삶아 주었다고 한다.

  건장한 청년인 아버지는 휴식을 취한 인민군들에게 붙들려 부상당한 여자 장교를 업고 북쪽 산으로 끌려갔다. 당시 북으로 끌려가던 아들을 본 할아버지와 할머니의 마음은 어땠을까?

  북으로 끌려가던 아버지는 강원도 삼척군 가곡면 풍곡리 중봉산

인근에서 휴식 중에 소변을 본다며 옆으로 빠졌다가 뒤도 안 돌아보고 뛰기 시작했다.

그렇게 구사일생으로 도망을 나와 집으로 돌아오게 되었다고 한다. 이때 고생했던 아버지 무릎은 평생 고질병이 되었다.

아버지는 할아버지와 할머니 따라 먹고살기 위해 이곳저곳 다니며 밭을 일구어 감자와 옥수수 등을 심어 먹고살았다. 가난은 벗어날 수가 없었다.

공부는 언감생심(焉敢生心)이었다. 이후 아버지는 결혼을 해서 자녀 4명을 낳았다. 나를 포함해 형과 남동생 그리고 여동생이었다.

아버지는 결혼 이후에도 농사일밖에 할 수 있는 게 없었다. 그렇게 근근이 자식들 키우며 살다가 농업만으로는 입에 풀칠하기가 어려워졌다.

결국은 아버지 나이 50대 중반쯤 광부의 길로 들어섰으며 10여 년간 ○○광업소에서 일한 후 퇴직을 했다. 60대 이후 아버지는 6.25 전쟁 때 다쳤던 무릎 관절 통증과 진폐증으로 인한 기침이 심해 무기력한 삶을 살았다. 더불어 아픈 몸을 달래기 위해 술에 의존하는 경우가 많았다.

당시 탄광에서 일하는 광부들은 현대 의학으로는 완치가 불가능한 직업병인 진폐증의 위험을 안고 있었다. 퇴직하고 20~30년 후에 발병하는 경우도 많았다.

진폐증은 석탄가루가 폐 세포에 붙은 뒤 폐를 굳게 만드는 질병이다. 1984년 "진폐 예방과 진폐 근로자의 보호에 관한 법률"이 제정되면서부터 광부들은 법의 보호를 받고 있다.

그러나 아버지는 10여 년이 지난 70대 초반에 진폐증 증상으로 검진을 받았으나 근무했던 ○○광업소가 폐광되어 경력증명서를 발급할 수가 없었다. 결국 조건에 미달된다고 해서 승인을 받지 못했다.

이후 아버지는 합병증 등으로 투병하시다가 한 요양 병원에서 83세의 나이로 생을 마감하셨다. 지금까지 광산에서 돌아가신 산업 전사는 총 4,114명이나 된다.

아버지의 궤적을 따라가 보았다

　나는 22살 되던 해에 ○○광업소에 취업을 하게 되었다. 그전에 하던 운전 업무보다는 봉급이 훨씬 많았다. 내가 하던 업무는 지하 갱도 속에 들어가 석탄을 캐는 것이 아니고 갱도 밖에서 자재를 관리하는 것이었다.

　영상이나 사진을 통해 대중들에게 알려진 광부의 이미지는 바로 채탄 작업을 하는 노동자들이다. 석탄을 직접 채취하는 일을 채탄 작업이라고 부른다. 대체로 한 명의 선산부에 1~3명의 후산부가 함께 일을 한다. 동발(지주)을 세우고 기계를 조작하는 것은 선산부의 몫이고, 석탄과 자재를 운반하는 일은 후산부의 몫이다.

　내가 근무하던 곳은 ○○광업소 ○○항으로 사갱(斜坑)이다. 사갱은 광산이나 탄광에서 땅속으로 비탈지게 파 놓은 갱도를 말한다. 사갱의 석탄 운반 구조는 갱도 속에서 광차[3] 에 석탄을 실으면 권양기실[4]에서 광차와 연결된 와이어에 의해 당겨 올리는 것이다.

어느 날 퇴근 시간 무렵 갱도 밖에서 자재를 정리하다가 덜커덩하는 소리가 빠르게 들려 고개를 홱 돌렸더니 권양기실 와이어가 끊어져 광차가 갱도 안으로 쏜살같이 빨려 들어갔다. 큰일 났다.

당시 석탄 캐던 광부들은 몇 백 미터 갱도 안에서 작업을 마치고 경사진 선로를 따라 걸어서 나오는 경우가 많았다. 그렇기 때문에 퇴근하던 광부들이 광차에 부딪쳐 다치지는 않았는지 노심초사하였다. 다행히 다친 사람은 없었다.

이와 같이 나는 언제 무너질지도 모르는 지하 갱도 속으로 매일 들어가는 광부들을 보면서 근무하는 2년 내내 마음을 졸여야 했다.

왜? 아버지도 다른 광업소에서 똑같은 일을 하고 계시기 때문이다. 그렇게 아버지의 삶을 따라가 보았다.

그 시절엔 먹고살기 위한 방법이 지하 갱도 속으로 들어가는 것밖에 없었는지 자문해 보면, 아버지 입장에서는 선택지가 없었다. 아버지뿐만 아니라 수많은 사연을 가진 광부들이 생존을 위해 지하 막장으로 들어갔던 것이다.

아무것도 모르던 22살의 청년은 광업소에 취업을 하면서 술과 담배를 배우기 시작했고 아버지뻘 되는 광부 아저씨들과 함께 근무하며 흥청망청 살았던 것 같다.

---

3) 탄광에서 석탄 등을 운반하는 데 사용하는 차체와 윤축으로 된 차량
4) 밧줄이나 쇠사슬(와이어)로 무거운 물건을 들어 올리거나 내리는 기계

대부분의 광부 아저씨들의 삶이란 오로지 먹고살기 위한 생존 투쟁이었다.

나는 미래가 불투명했지만 배움의 끈은 놓지 않았다.

소멸 위기에 놓인 태백의 미래 청사진 제언

 태백시는 지난 시간 동안 쇠퇴한 광산 도시로 인식되어 왔다. 하지만 최근에는 새로운 미래를 위해 인구 유입 및 다양한 발전 방안 등이 제시되고 있으며 저자 또한 고향의 아들로 몇 가지 제안을 해 본다.
 첫 번째로, 태백시는 자연환경이 풍부한 지역으로, 관광 산업 분야에서 큰 발전 가능성이 있다. 태백산 등의 아름다운 자연 경관과 함께 태백시의 광산 역사와 문화유산을 잘 활용하여 체험형 관광 산업을 육성하는 것이다. 또한 태백시의 명물인 '태백산맥 눈꽃'을 활용한 겨울 관광과 관련된 인프라 구축에 더 매진해야 한다.
 두 번째로, 지난 세월의 광산과 관련된 기술력을 활용하여 새로운 산업 분야를 창출할 수 있다. 예를 들어 지하수와 지열을 활용한 식물 공장을 육성하는 분야와 수질 정화, 산림 관리, 지형 분석, 지진 예방 등에 적용 가능한 센서 및 IOT 기술 등이 그 예다.

세 번째로, 태백시는 대도시 인접성을 활용하여 이전에는 부족했던 대형 유통업체와 매출 확대, 산업 지원을 위한 협력 및 유치 등을 추진할 수 있다.

또한 인구 증가를 위한 대책은 크게 두 가지로 나누어 볼 수 있다. 하나는 새로운 산업 유치와 기존 산업의 지속적인 발전이 필요하다. 태백시는 석탄 산업이 중심이었지만, 지금은 관광과 농업 그리고 교도소 설치 등 다양한 분야를 유치하고 있다. 이를 통해 태백시를 방문하는 관광객이 늘어나고 이들이 지역 경제를 활성화시키는 일환으로 작용할 수 있다.

또 다른 하나는 현지 주민들의 생활 편의성을 높이기 위해 생활 인프라와 주거 환경 개선이 필요하다. 대표적으로 교육 시설, 의료 시설, 문화 시설 등을 더욱 발전시켜야 한다.

저자를 포함해 태백시를 떠나는 대부분의 주민들은 이와 관련이 있지 않을까 싶다.

이렇게 함으로써 인구가 늘어나고 기존 주민들의 삶의 질이 높아짐과 아울러 정주 의식이 생기게 되면 떠나고 싶지 않은 태백이 되지 않을까 생각해 본다.

2
배움의 진통과 사회생활 시작

대학 진학 과정에서 혼란을 겪다

때는 40년 전으로 거슬러 올라가 본다. 내가 고등학교를 졸업하던 시기인 1982년도다. 10년이면 강산이 변한다고 하는데 강산이 네 번 바뀌었다. 당시 대학 진학 과정에 대해서 이야기하고자 한다.

1982년 이전에는 대학 입학 예비고사가 있었고 1982년부터 1993년까지는 대학 입학 학력고사 제도가 시행되었다. 지금의 수능 정시 모집 제도와 유사한 제도다.

나는 당시 아이들을 가르치는 훌륭한 선생님이 되고 싶었다. 그러나 대학 입학 학력고사 점수가 썩 좋지 않아 교육대학이나 사범대학에 지원하기에는 무리수가 따랐다.

그래도 내가 목표하고 원하던 선생님 되는 것이 그 길뿐인 줄 알고 전기 모집 군(群)인 ○○교육대학에 지원을 하게 되었다. 하지만 역시 내 성적으로는 어림도 없었다. 낙방의 쓴맛을 보았다.

아직 길은 있었다. 후기 대학 지원이 남아 있지 않은가. 많은 고민을 하다가 "안 되면 말고."라는 심정으로 그냥 지나가듯이 후기 모집 군(群)인 ○○대학 영문학과에 지원하게 되었다. "내가 미쳤었나 봐요, 그 어려운 영어를…." 그리하여 최종 면접시험까지 치르게 되었다.

면접시험 위원은 5~6명 정도로 기억이 되며, 평이하고 상식적인 질문에 대해서는 모두 답변을 하였다. 그런데 커다란 문제 하나가 다가왔다. 마지막 면접시험 위원께서 영어로 질문을 하는 게 아닌가. 머리가 하얘지며 아무것도 생각나지 않았다.

순간 나도 모르게 "I don't know."라고 답변했다. 답변을 들은 면접시험 위원께서는 웃음을 머금으며 "네. 알겠습니다. 나가셔도 좋습니다."라고 해서 일단 면접시험을 무사히 마쳤다.

이후 영어 질문에 대한 답변을 잘 못해 당연히 떨어지겠지 하면서 "나는 대학에 다닐 운명이 아닌가 보다."라며 지레 포기하고 마음 편히 지내고 있었다.

얼마 후 합격자 공고가 났다. 아니! 합격자 명단에 내 수험번호가 붙어 있는 게 아닌가. 헉! 합격이라고. ○○대학 영문학과에 당당히 합격을 한 것이다.

그 기쁨은 말로 표현할 수 없었다. 어느 한 면접위원의 영어 질문에 정확한 답변은 못했지만 "I don't know."라는 엉이로 답변했기 때문에 합격한 것인가? 하고 자문해 보며, 당시 영어 질문이 뭐였는지 기억을 더듬어 봤다.

대략 예측해 보니 질문은 "What is the longest river in the world(세계에서 가장 긴 강은 무엇입니까)?"였던 것 같다.

그럼 답변은 어떻게 했었으면 정답이었을까? "It's the Nile(나일강입니다)."이라고 하는 것이 정확한 답변이었다.

이제 어려운 과정을 통해 대학을 합격하긴 했는데 또 하나 문제가 생겼다. 합격의 기쁨은 잠시일 뿐 등록금 걱정이 되었다.

내가 합격한 대학은 4년제 사립이어서 1학기 등록금이 50만 원(40년 전)으로 상당히 비쌌던 것으로 기억한다.

당시 부모님께서는 아들 대학 등록금 마련 때문에 엄청 고심하고 계셨다. 그런 부모님의 모습을 지켜보며 나는 가슴이 매우 아팠다. 아버지의 직업은 광부로서 그리 넉넉한 생활 형편이 아니었다. 이전에는 밭(田) 농사로 세 자식을 키워 오셨다.

나는 결심했다. "우리 집 형편에… 내 주제에… 무슨 대학이야." 자책(自責)하며 그냥 무슨 일을 하든 돈 벌어서 부모님 살림에 보태고자 과감히 대학 진학을 포기하고 생활 전선으로 뛰어들었다.

대학을 가야만 하는 이유에 대한 고민

　우리 사회는 대학을 졸업하지 않아도 잘 먹고 잘 사는 사람들이 많다. 꼭 대학을 졸업해야만 잘 살 수 있는 것인가. 그렇지는 않은 것 같다. 당시 20대이던 나는 어린 마음에 대학을 갈 수 없는 나 자신의 환경에 대해 자책을 많이 했다. 부모님 원망도 당연히 했었다. 겉으로 표현은 안 했지만….

　지금 이 글을 쓰면서 곰곰이 생각해 보면 정식 대학에 진학하게 되면 우리 일반 사회에서는 배울 수 없는 다양한 학문 분야를 배우고 이를 통해 지식과 역량을 개발하여 경제적, 사회적, 정치적 생활에서 좀 더 나은 선택과 삶의 질을 높이는 데 큰 도움이 되지 않았을까 싶다.

　대부분의 동료 직원들은 일반 대학, 나는 방송통신대학을 졸업했다. 결과론적이지만 삶에 있어서 별반 차이가 나는 것 같지는 않다. 그래서 결론적으로 이야기하면 대학이 중요한 잣대가 되는 것은 아니었다. 오직 독서와 글쓰기를 지속적으로 할 수 있는 삶의 태도가 그 무엇보다 중요하다고 할 수 있다.

저자가 청년 시절에는 학교 공부 외에 자기 계발서 등 별도로 독서를 해 본 기억이 없다. 물론 어쩌다 소방관 시험에 합격해서 지금 이 글을 쓰고 있는 시점에 와 있기는 하지만~

내 나이 50대 후반, 아니 정년퇴직을 앞둔 시점에서 책 읽기와 글쓰기의 중요성을 깨닫고 실천을 하고 있는 중이다. 늦었지만, 요즘 100세 시대 아닌가. 늦었다고 생각할 때가 가장 빠른 때라는 속담도 있듯이~

조기 사회생활 시작

　당시 내 나이 20세, 고등학교를 졸업하자마자 조기에 사회생활을 시작하게 된다. 이쯤에서 병역 문제가 궁금해질 것이다.
　대한민국 남자라면 누구나 다 군대에 갔다 와야 한다고 생각하지만, 당시는 먹고사는 문제가 우선이었기에 넉넉하지 못한 가정 형편이 반영되었고 또 2살 위 형님이 현역 입영 중인 상태였기 때문에 면제 판정을 받았다.
　철부지 20대 청년이 사회에 첫발을 내디딘 직업이 소규모 가게에서 운영하는 막걸리 배달 일이었다. 그냥 닥치는 대로 일했다. 선택사항이 아니었다.
　두 번째 직업은 철물 가게 점원이었고, 세 번째는 전라남도 여수

LNG(Liquefied Natural Gas. 액화천연가스) 저장소 시추(試錐)[5] 현장 인부, 네 번째는 건축 현장 차량 운전기사, 다섯 번째는 직업 잡화 용품 판매 차량 운전기사 그리고 마지막으로 22살이 되던 해 광업소에 근무하며 배움에 목말라 다시 대학 도전을 위해 틈틈이 학업을 이어 갔다.

 그러나 뜻대로 되지 않았다. 매일 막노동이나 다름없는 현장 일을 끝내고 피곤한 몸으로 책장을 넘기니까 공부한 내용이 머릿속에 들어올 리가 없었다. 하루 지나면 다 잊어 먹는 '말짱 도루묵'[6]이 되었다.

 표현이 좀 그런가. '말짱 도루묵'이라는 말에는 선조 임금과 관련된 이야기가 전해진다. 임진왜란 때 왕이 피난을 가다 '묵'이라는 생선을 먹어 보고는 맛이 좋다며 '은어'라는 이름을 지어 주었다.

 그런데 전쟁이 끝나고 궁궐에 돌아온 뒤에 다시 먹어 봤더니 맛이 너무 없어서 "도로 묵이라고 해라."라고 했다. 이 '도로 묵'이 '도루묵'이 되고 앞에 '말짱'이라는 말이 붙었다는 거다.

 이제 뭐 하지! 제대로 된 직장을 찾아야 하는데 고등학교만 졸업해서 가능할까? 맨날 막노동만 하고 살 수는 없지 않은가. 친구들은 벚꽃이 만발하는 대학 캠퍼스를 누비며 졸면서 수업을 듣다가도 도서관에서 열심히 공부할 거야.

 그리고 때로는 포장마차에서 술도 한잔하고 또 바리바리 먹거리 짐 싸 들고 MT 가서 통기타 치며 노래 부르는 젊음의 낭만을 즐기겠지.

---

5) 지하자원을 탐사하거나 지층의 구조나 상태를 조사하기 위하여 땅속 깊이 구멍을 파는 일
6) 아무 소득이 없는 헛된 일이나 헛수고를 속되게 이르는 관용어

마냥 부럽기도 하고 한편으로는 슬퍼졌다. 나는 왜? 왜! 왜! 왜!

또 고민을 하기 시작했다. 결론은 막노동해서 번 돈을 부모님께 드리지 않고 학원비로 쓰기로 했다. 부모님께 사실대로 말씀을 드렸다. 일 그만두고 학원 다니며 공부해서 공무원 시험을 보겠다고 말이다.

지금은 안 계신 부모님, 사진으로 추억을 소환해 본다.

부모님께서는 "생활 걱정하지 말고, 우리 아들 하고 싶은 대로 하려무나. 설마 입에 풀칠하겠나."[7] 라고 말씀하셨다. "네. 알았어요. 엄마, 아버지! 공부 열심히 해서 훌륭한 사람 한번 돼 볼게요."라고 말씀드렸다.

---

7) 겨우 목숨이나 부지할 정도로 굶지는 않고 산다는 말

3

안정적 직장과 결혼 그리고 배움의 목마름 해소

Giver의 길인 소방관을 선택하다

내 나이 24살, ○○시 소재 ○○종합학원(공무원반, 대입 검정고시반, 소방직반, 경찰직반)에 수강 등록을 하였다. 개설된 모든 반을 돌아다니며 닥치는 대로 강의를 들었다. 그러는 와중에 이미 소방관으로 근무하시던 외삼촌의 권유로 소방직 시험에 응시를 하게 됐다.

에피소드 하나 이야기하면, 소방직 필기시험을 합격하고 면접시험을 보러 가기 위해서는 강원도 태백(태어나서 학창 시절을 보낸 곳)에서 기차를 타고 원주역에 내려 시외버스로 춘천 면접 시험장(강원도청)으로 가야 하는데… 새벽 시간대이다 보니까 기차 안에서 선잠이 들었다 눈을 떠 보니 서울 한강이 보이는 게 아닌가. 헉! 큰일 났다.

다행히 당시 서울에서 춘천 가는 기차가 있었다. 면접 시간이 10시쯤으로 기억을 하는데 시간 안에 도착해서 무사히 시험을 치를 수 있었다. 면접시험 보러 가던 과정을 돌이켜 보면 "내가 소방관이 될 운명이었구나."라는 생각이 든다.

드디어 내 나이 25살, 1988년 9월 1일 대한민국 국민들의 부름을 받고 소방관의 길을 걷게 된다. 선생님의 꿈이 소방관으로 바뀌는 찰나다.

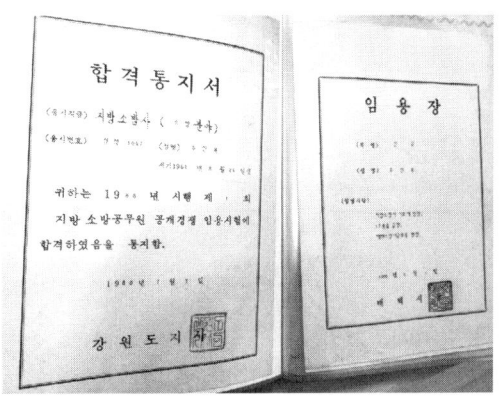

당시는 대한민국 서울에서 88올림픽이 개최되던 시기였다. 입사 동기 동료 소방관끼리 "우리는 88올림픽 공식 지정 소방관이야."라고 농담을 주고받던 기억이 난다.

처음 입사할 때는 소방관의 중요성에 대해 잘 몰랐다. 근무를 하면서 소방관이라는 직업이 국민 안전을 지키는 막중한 일임을 깨닫게 되었다. 36년여의 세월 동안 동료 직원들과 소통하며 굴곡도 있었지만 나름 소명 의식과 책임감을 가지고 공직자의 길을 마무리하려고 한다.

내 인생의 안식처인 배우자를 만나다

1996년 5월 꽃 피는 계절에 아내를 만났다. 지인의 소개로 만나 1년이 지난 1997년 5월 18일에 결혼을 했다. 절대 잊을 수 없는 날이다.

그리고 그 이듬해인 1998년 8월 11일에 보물 같은 아들이 임신 9개월 만에 성급하게 태어났다. 당시 아내는 임신 중독증이 심각해 8개월 중반쯤 강릉아산병원 산부인과 중환자실에 입원을 해야 했다.

예정일이 한 달 반이나 남았기에 생각지도 못한 일이었다. 그래도 좋으신 선생님을 만나 9개월이지만 아내는 자연분만을 할 수 있었다. 그냥 태백에 있었다면 아마 수술을 하다 무슨 일이 있었을지 상상도 하기 싫다.

아들은 나오는 과정에서 머리에 커다란 물주머니가 생겼고, 미숙아여서 신생아 중환자실에 입원해야 했다.

아내는 출산 후에도 혈압이 잡히지 않아 지금까지도 임신 중독으로 인한 고혈압 약을 먹고 있다. 우리 부부는 아들과 그렇게 헤어져 한 달 동안 면회만 할 수 있었다.

아들의 머리에 있는 물주머니가 걱정이었다. 혹, 뇌로 침투할 경우 좋지 않을 수 있다는 말씀을 하셨다. 그때 그 검사를 받고 기다리는 일주일은 정말 지옥 같았다. 다행히 그냥 뇌와 피부 사이에서 물주머니가 사그라들게 약을 투여하신다고 하셨다.

그 사이 먹성 좋은 우리 아들은 몰라보게 무럭무럭 건강해졌다. 머리에 물주머니가 있었던 흔적은 지금도 크게 남아 있지만 아주 건강한 대한민국의 청년이 되었다. 미숙아로 태어났다는 것이 믿기지 않을 정도로 건강하게 자라 우리를 든든하게 지켜 주고 있다.

이렇게 나에게 있어서 우리 아들과의 이야기는 중간 한 토막이 사라지고 없다. 사실 나쁜 가장은 아니라고 자부하지만 그렇다고 정말 자상하고 좋은 가장이었다고는 말할 수 없다.

신혼여행 일정과 겹친 승진 시험에서 일생 한 번밖에 없을 신혼여행을 선택했던 나는 그 이후 신혼의 단꿈에 두 번을 더 미끄러지고서야 승진을 할 수 있었고, 그렇게 살짝 밀린 승진 때문에 가정보다는 일이 우선이었던 것 같다.

당연히 출퇴근 시간은 나에게 있어 의미가 없는 시간이 되었고, 저녁 식사 후에 이어지는 야근과 또 야근을 마치고 나오는 길에 그 좋아하는 한잔 술을 놓칠 수 없어 새벽까지 술을 마시다 귀가하였다.

그러고는 다시 남들보다 일찍 출근해서 일을 시작했던 나였기에 우리 아들이 자라는 모습을 거의 잘 보지 못했다. 아침에도 자는 모습을 뒤로하고 출근하고 새벽까지 한잔하다 들어가니 자고 있는 모습만 보았다.

물론 그런 과정에서 아내와 많이 다투기도 했다. 늦은 밤 뜬눈으로 기다리고 있는 아내를 보면 미안하기는 했지만 그때의 나에게는 나름 최선을 다하는 방법이었다. 아내가 바라는 것을 모르는 건 아니지만 말이다.

믿음직스러운 아내가 있어 아들의 모든 것을 맡겨 놓을 수 있었다. 때론 아프신 부모님의 수발까지도 아내가 힘들게 하고 있음을 알면서도 바쁘다는 핑계, 아니 이유로 모른 척할 때도 있었다.

아내는 힘들다고 투정을 부리면서도 다 하고 있었다. 돌아보면 그런 아내가 내 뒤에서 묵묵히 있어 주었기에 지금의 나를 만들어 갈 수 있었지 않았나 싶다.

야근하는 날이면 끼니를 잘 못 챙기고 일하고 있을 나를 위해 직원들과 함께 먹을 수 있는 야식을 준비해 가져다주는 일이 많았다.

아무리 늦게 들어가도 배가 고프다고 하면 밥을 차려 주는 아내였다. 한창때는 술도 많이 먹고 친구들을 좋아해서 아내를 많이 고생시켰다.

우리 부모님들 때의 어르신들은 다 그렇지만 당신들의 몸 관리를 소홀히 하셔서 정말 종합병원이었는데, 서울 큰 병원으로 모시고 다니는 것도 아내의 몫이었다. 결혼해 이날까지 아내도 집에서 놀지 않고 워킹 맘이었는데 말이다.

공무원 박봉에도 아들은 공부는 물론 수영, 테니스, 피아노, 바이올린 등의 예체능을 빠짐없이 시켰다. 누가 들으면 부모님께서 물려준 재산이 있어 그렇게 시킨다고 할지 모르지만 천만에 말씀이다.

아내는 시 체육회나 대학에서 지원하는 프로그램들을 찾아다니며 아들에게 많은 것을 접하게 해 주었다. 우리 아들은 중학교 1학년 때까지 흔한 학습지 한 장 돈 들이지 않고 집에서 아내가 책임졌다.

아들이 수영을 잘해 대회에 나갈 실력이 되었을 때도 난 대회장에 가서야 우리 아들의 수영하는 모습을 볼 수 있었으니 말이다.

아들이 자라 군 입대를 앞두고 있을 때 그제야 아들과 깊은 대화도 해 보았던 것 같다. 아내가 초등학생 아들이 말을 잘 듣지 않는다고 따끔하게 혼 좀 내어 달라 했을 때, 다음에 고학년이 되면 내가 군기 잡겠다고 했었다.

고학년이 되었을 때는 중학생이 되면, 중학생이 되었을 때는 고등학생이 되면 내가 하겠다고 했는데 어느샌가 다 자라 있는 아들이 내 앞에 있었다. 다행히 우리 아들은 크게 사춘기 한 번 거치지 않고 잘 자라 주어 정말 감사하다.

내 인생에 가장 큰 고비였던 뇌출혈로 쓰러졌을 때 아들이 나를 간호하면서 나와 아들은 좀 더 끈끈해진 것 같다.

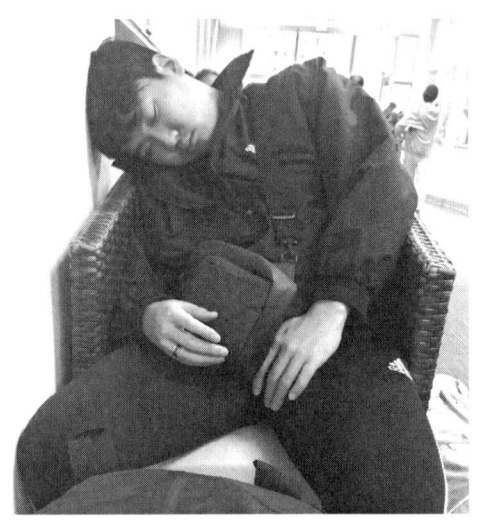

그전까지만 해도 나는 역시 내 일이 우선이었고 아내와 아들은 내가 가장 믿는 안식처로 여기고 살았기에 둘은 공유하고 있는 것들이 많아 보여 조금 서운할 때도 없지 않았던 것 같다. 그래도 내가 가장 힘들 때 역시 아내와 아들이 나를 끝까지 잡고 이겨 낼 수 있도록 해 주었다.

다시 그때로 돌아간다고 해도 나는 해 왔던 것처럼 열심히 나의 일을 더 우선으로 할 것이다. 다만 술자리는 가급적 피할 것이다.

돌이켜 보면 아들이 성장하는 과정 중에 함께한 기억이 많지 않아서 늘 미안하고 마음이 아프다. 아빠는 앞으로 아들의 삶에 조금 끼어들어 어릴 때 못 해 줬던 사랑을 마음껏 줄 것이다. 그래서 나는 나와 같은 가장들에게 늘 말하고 싶다.

출근해서는 내 일에서 최고가 되기 위해 최선을 다하고 퇴근 후 동료나 친구와의 좋은 만남도 가져야겠지만 세상에 유일한 내 편인 가족과의 소중한 시간도 잘 가꾸어야 한다고 말이다. 요즘 가장들은 나 때와는 달리 정말 현명한 가장들이 많아 마음이 놓인다.

지금도 우리 아내는 나와 함께 맞벌이를 하고 있다. 아내는 내가 퇴직하고도 6년을 더 일하게 될 것이다. 아내는 끝까지 일을 할 것이라고 한다.

난 퇴직을 하면 아내의 출퇴근 기사가 될 것이고 저녁 식사를 준비해 놓고 기다리려고 한다. 잘될지 모르겠지만 지금 계획은 그렇다. 아내가 30년 가까이 해 온 일을 그동안 수고 많았다는 인사와 함께 내가 해 주려 한다.

17년 걸린 학사(방송통신대학) 자격

소방관 입문 후 일반 대학에 못 간 설움과 배움의 열정으로 방송통신대학의 문을 두드리게 됐다. 1989년 방송통신대학 영문학과에 입학하면서 일반 대학 캠퍼스에서의 낭만 수준은 아니지만 나름 방송통신대학만의 낭만이 있었고 배움의 열정이 발동하기 시작했다.

그러나 영어 과목을 혼자 공부하는 것은 너무 힘겨웠다. 또다시 포기! 1학년 2학기부터 등록하지 않고 있다가 연속 3학기 미등록으로 제적(除籍)이 되었다. 2년 후 배움의 DNA가 남아 있었는지 다시 방송통신대학 법학과의 문을 두드리게 된다. 그때가 1991년도다.

그로부터 안전의 파수꾼인 소방관의 막중한 임무와 학업을 병행하다 보니 입학 당시의 열정은 어디로 갔는지 시험만 보면 F학점을 맞는 경우가 다반사였다.

  그래도 끈을 놓지 않고 제적-재입학-제적-재입학 과정을 반복하며 드디어 2008년 2월 방송통신대학 법학과를 졸업하게 되었다. 남들은 4~5년 만에 졸업하는 방송통신대학을, 나는 17년 만에 졸업하는 역사에 길이 남을 진기록을 만들었다.

  공부 머리가 없어서인지 창피스럽기도 하고 아니면 의지의 학구파인가도 자문해 본다. 늦깎이[8] 깨달음이지만, 포기하지 않았던 배움의 열정이 지금 이 순간 글을 쓰고 있는 계기가 되지 않았나 생각한다.

---

8) 나이가 많이 들어서 어떤 일을 시작한 사람 또는 남보다 늦게 사리를 깨치는 일

4
죽음과 삶의 경계에서

소방관 시험 합격 후 연탄가스 중독 사고

 1988년은 대한민국 서울에서 올림픽이 열리는 해였다. 9월 17일부터 10월 2일까지 개최된 하계 올림픽이었다. 나는 1988년 9월 1일 자로 소방공무원으로 임용됐다.
 지금으로부터 35년 전, 올림픽이 열리던 그 시기는 석탄을 난방에 사용한 가구가 많았다. 그중에 내가 살고 있던 집을 포함해서 말이다.
 그러다 보니 일산화탄소 중독 등의 사건·사고가 비일비재하였다. 지금은 기름보일러와 가스보일러가 보급되어서 일산화탄소 중독으로 인해 사망하는 사람은 거의 없다.
 우리 집도 연탄아궁이를 사용했다. 때는 1988년 8월쯤으로 기억된다. 나는 밤 10시쯤 오촌 아저씨와 잠을 자다가 소변이 마려워 일어나서 집 밖으로 나갔다.

　급한 마음에 도로 옆에 서서 노상 방뇨를 하다가 내 의지와 상관없이 그냥 쓰러져 정신을 잃었던 것이다.

　부모님 말에 의하면 나하고 같이 자던 오촌 아저씨의 신음 소리를 듣고 방으로 갔더니 흙으로 바른 구들장이 깨지면서 갈라진 틈 사이로 새어 나온 연탄가스에 취해 있었다고 한다.

　그런데 "우리 아들은 어디 갔지?" 놀라서 집 주위를 찾아다니다가 쓰러진 나를 발견했다고 한다. 그리고 바로 119에 신고를 해서 태백시 관내 ○○병원으로 이송되었다.

　소방서는 기찻길을 경계로 우리 집에서 다 보인다. 다행히 병원에 도착해서 의식이 회복되어 하룻밤 병원 신세를 지고 다음 날 바로 퇴원을 했다.

　함께 연탄가스에 취해 있던 오촌 아저씨는 심한 상태가 아니어서 동치미 국물을 마시게 하여 정신을 차리게 하였다고 한다. 옛 어르신들 말에 의하면 동치미 국물 속에는 유황 성분이 함유되어 있어 중독 증상이 회복된다고 알려져 있다.

　뒷이야기를 조금 하면 우리 집은 노후한 일반 주택이어서 화장실이 조금 떨어져 있었다. 혹여 재래식 화장실에 빠졌었다면 발견돼도 늦게 발견되어 더 심각한 상태까지 갈 수도 있었다. 집 앞 도로변에서 발견된 것이 오히려 다행스러운 사고였다.

　나는 당시 소방공무원 신규 채용 시험에 최종 합격 후 임용 대기 중인 상태였다. 임용되기 전 119 구급차로 병원 신세를 졌으니 소방관이 될 운명이었던 것이다.

신임 기본 교육 과정 중 빗길 교통사고

1988년 9월 1일 강원 태백 소방서로 인사 발령이 났다. 공무원이라는 자부심을 안은 소방관의 여정은 그렇게 시작되었다. 1989년 8월 초 소방사(9급)반 신임 교육 명령이 떨어졌다. 기간은 8월 14일부터 9월 23일까지로 6주간 교육을 받게 됐다.

교육 장소는 당시 충남 천안시 소재 중앙소방학교다. 현재는 공주로 이전하였다.

나는 5주차 교육을 마치고 9월 16일(금) 집에 왔다. 잔여 교육 기간은 일주일 남은 상태였다.

9월 17일(토) 휴식을 갖고 9월 18일(일) 잔여 교육을 받기 위해 우리 집에 놀러 와 있던 오촌 아저씨 봉고차를 타고 서울 방향으로 출발했다. 그날은 왜 그렇게 비가 많이 오는지, 빗길이 위험하긴 했다.

30여 분 정도 가다가 영월군 상동읍 공군 부대 인근에서 오촌 아저씨가 운전하던 봉고차가 빗길에 미끄러지면서 도로 옆 큰 나무를 받으면서 20미터 계곡으로 추락했다. 나는 조수석에 타고 있었다. 어떻게 됐을까? 오촌 아저씨와 나는 안전벨트를 안 매서 목숨을 건질 수 있었다.

차가 계곡으로 추락하면서 나는 창문이 깨지면서 튕겨져 나오고 오촌 아저씨는 차와 함께 굴렀다. 계곡에는 큰 바위들이 많았다. 추락하고 나서 나는 정신을 잃지 않았다.

차에 갔더니 오촌 아저씨가 피를 흘리며 운전석 내에 있었는데 움직임이 없었다. 죽은 줄 알았다. 울먹이며 "오촌 아저씨! 정신 차려 봐요!" 하면서 한참을 흔들다 보니 의식이 돌아왔다.

다행인 건 둘 다 부러진 데가 없었다. 의식을 차린 오촌 아저씨를 부축해서 언덕을 기어올라 왔다. 비는 세차게 쏟아지고 있었다. 그때는 휴대폰도 없던 시절로 병원에 가려면 다시 태백으로 돌아가야 했기 때문에 지나가던 차를 세웠다.

세 대가 그냥 지나갔다. 왜? 인적이 없는 한 도로에서 웬 남자 두 명이 피를 철철 흘리며 차 좀 세워 달라고 손을 흔들고 있으니 "혹시 귀신 아니야?"라는 마음으로 지나쳤던 것 같았다.

네 번째 차가 왔다. 살려 달라고 손을 흔들었더니 차를 세웠다. 지프차였다. 구세주를 만났다. 두 사람 모두 빗물과 함께 피는 멈추지 않고 계속 흐르고 있었다. 고마웠던 그때 그 기사 아저씨는 지금 어디에 계실까?

태백 시내 ○○병원에 도착했다. 오촌 아저씨가 머리에 유리 파편이 박히는 등 나보다 더 많이 다쳐서 응급실에 입원을 시켜 놓고 집과 사무실에 전화를 했다. 서울 가던 사람들이 병원에서 전화를 하니까 왜 안 놀라겠나.

나는 간단한 치료만 받고 당일 기차를 타고 서울로 가서 천안 중앙소방학교로 들어갔다. 남은 교육 1주를 마저 받아야 했다. 교육을 이수하지 못하거나 낙제하면 내가 비용을 들여서 재교육을 받아야 하기 때문이었다.

사고로 경황이 없었지만, 학과 수업 끝난 다음에는 독서실과 숙소에서 열심히 공부를 했다. 이제 운명의 날이 다가왔다. 중간시험은 잘 봤기 때문에 기말시험만 잘 보면 등수 안에 들 수 있지 않을까 내심 생각을 하고 있었다.

졸업식 이틀 앞두고 기말시험 날이었다. 시험장에 들어가서 열심히 문제를 풀어 나갔다. 사고 이후 공부했던 보람이 있었다. 거의 다 아는 문제로 출제되었다. 1등은 못하더라도 2등 정도는 할 수 있을 것 같았다.

9월 23일(금) 오전에 졸업식이 개최됐다. 오전 8시쯤 지도교관이 불러서 갔다. 내가 3등을 했다는 것이었다. 졸업식장에서 호명하면 앞으로 나오라고 미리 알려 주는 것이라고 했다.

10시가 되어 졸업식이 진행되었다. 국민의례 등 의식이 끝나고 성적 발표를 했다. 1등과 2등을 호명하고 드디어 나를 불렀다.

"주진복 학생 나오세요!"

나는 상장 2개를 받았다.
하나는 학업 성적 우수 상장이었고, 다른 하나는 시상금 상장이었다.

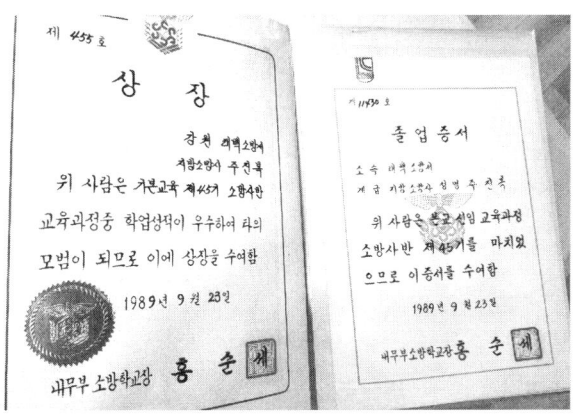

학업 성적 우수 상장(좌)과 졸업증서(우)

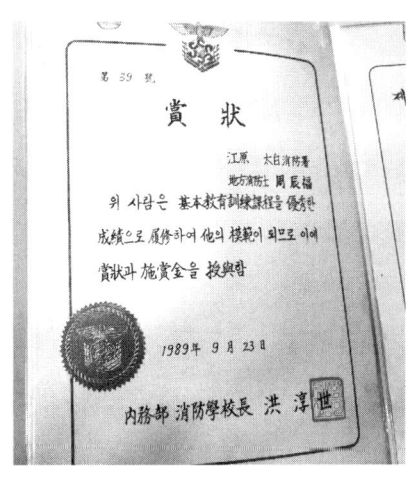

시상금 상장[9]

---

9) 상장/강원 태백 소방서/지방 소방사 주진복/위 사람은 기본 교육 훈련

교육을 마치고 소속 관서로 돌아와서 소방행정 계장(주무계장)님께 "저, 계장님! 제가 기본 교육 과정 중 3등을 해서 상금 10만 원을 탔습니다. 동료 직원들에게 썼으면 좋겠습니다." 했더니 계장님께서 "아니야, 그 돈은 자네가 노력해서 번 돈이니까 자네가 쓰게나."라고 하셨다. 고마우신 계장님이셨다.

그렇게 기본 교육에서의 사건은 아픔이었지만, 34년 이후인 지금은 추억의 한 사건으로 기록되며 나의 역사가 되었다.

업무 스트레스 누적 뇌출혈 사고

    2019년 11월 10일이었다. 나는 두통이 왔다. 평상시 감기로도 병원을 찾지 않고 비상약으로 잘 넘어갔기 때문에 그날도 그렇게 심각하게 생각하지 않고 타이레놀을 먹고 일찍 잠을 잤다. 다음 날인 11월 11일 출근해서도 두통이 계속되어 11월 12일 오전 시간으로 강원대병원에 예약했다고 아내에게 전화를 했다.

    그런데 그날 점심 식사가 예약이 되어 있었다. 소방본부장님, 강원대 응급구조학과 김지희 교수님과 시중 음식점에서 식사하던 도중 두통과 헛구역질이 나서 화장실을 두 번이나 다녀왔다. 증상을 교수님께 말씀드렸더니 뇌경색이 의심이 되니 빨리 병원에 가 보자고 하였다. 그 교수님은 삼척으로 내려가셔야 되는데 나 때문에 병원에 함께 가셨다.

강원대학교병원 응급실에 입원을 했다. 바로 검사를 진행해야 되는데 보호자의 동의가 필요하다는 것이었다.

그래서 함께 병원에 갔던 김대성 구조구급팀 직원이 내 휴대폰으로 "여기 강원대학교 응급실인데 과장님께서 입원을 하셨습니다. 검사를 위해 보호자 동의가 필요하다고 의사 선생님께서 말씀하셔서 연락드립니다."라고 아내에게 전화 통화를 했다.

지금부터는 내가 뇌 수술을 받고 회복하기까지의 과정에 대해 아내가 느꼈던 감정을 빠짐없이 기록해 보았다. 내용이 좀 많지만 끝까지 읽어 봐 주길 바란다.

〈아내의 남편 뇌 수술부터 퇴원까지 이야기〉

근무 중이었던 나는 동료에게 이야기하고 차를 몰고 병원으로 출발했다. 어떤 생각도 들지 않은 상태로 출발해 가고 있는데 또 전화가 왔다. 보호자 동의가 빨리 필요하다는 것이었다.

직장에서 병원까지는 평소 5~10분 정도이면 갈 수 있는 거리인데 말할 수 없이 먼 것 같았고, 현실이 아닌 것 같은 멍한 상태로 응급실로 들어갔다.

다행히 남편은 의식이 있는 상태였고, 두통과 메스꺼움을 호소하고 있었다. 중요한 점심 식사 자리에서 두통과 메스꺼움이 있었고, 함께 동석한 교수님이 뇌경색을 의심하시고 빠른 조치를 위해 병원으로 함께 왔다고 한다.

마침 교수님의 동기분이 강원대병원 흉부외과 교수님이셨고, 증상이 심각함을 인지하신 교수님의 대처로 바로 검사가 진행되었기에 보호자의 동의를 서둘렀던 것이었다. 남편은 뇌출혈 진단이 나왔다. 그때는 뇌압 수치가 떨어지지 않아 혈관조영술을 촬영할 수 없는 상태였으며, CT상으로 뇌출혈임을 발견한 상태였다.

응급실 한편에 누워 있는 남편을 쳐다보면 남편이 눈을 맞추며 괜찮다는 입 모양으로 나를 안심시켰지만 내 앞에 있는 의사의 말은 그렇지가 않았기에 정말 제정신이 아니었던 것 같다.

다행히 어느샌가 당시 남편의 소방 동기생 허강영 강원도 소방본부 종합상황 실장님과 이강우 방호사법 담당님을 비롯한 직원 여러분이 내 곁을 지켜 주고 있었다. 그런데도 나는 정신을 차릴 수가 없었다.

그렇게 뇌압이 떨어지기만을 기다렸지만 좀처럼 떨어지지 않아서, 하는 수 없이 다음 날 찍기로 하고 오늘은 계속 뇌압을 떨어뜨리기 위한 처치를 하며 지켜볼 것이라고 하였다.

그리고 의사가 나를 찾더니 가족분, 아니 자녀들이 없냐고 물었다. 있다면 연락해서 오게 하는 것이 좋겠다고 하였다.

그 순간 정말 큰일이구나 싶어 말을 못하고 있는데, 이강우 계장님이 아들이 있는데 지금 군 복무 중이라고 말씀해 주셨다. 그때 의사가 "군에 연락해 바로 청원 휴가 나올 수 있도록 조치하시는 게 좋겠습니다. 어머니!"라고 하셨다. 정말 온몸에 기운이 다 빠져나가 아무 말도 할 수 없었다.

아들은 의무소방으로 양양 소방서에서 복무하고 있었다. 이강우 방호사법 담당님이 양양 소방서 행정과장님께 전화로 설명해 아들이 바로 나올 수 있도록 조치해 주셨다.

저녁 식사를 마치고 휴식을 취하고 있던 아들은 갑자기 호출을 받고 "아버지가 위독하시대. 응급실에 계셔서 바로 가야 하니 준비해."라는 소식을 듣고 정말 놀랐다고 했다. 아들 또한 아빠의 건강을 한 번도 의심해 본 적이 없었기 때문이었다.

춘천으로 오는 버스 시간을 알아보니 막차가 떠난 시간이라 잠시 어떻게 해야 하나 하는데 소방서에서 직원분이 데려다주신다고 하셔서 바로 출발할 수 있었다.

아들과 통화 후 직원분들이 과장님(당시 소방본부 방호구조 과장)이 만약 수술을 하게 된다면 이곳에서 할 건지 아님 더 큰 병원으로 갈 건지 생각해 놓고 있는 것이 좋을 것 같다고 했다.

그 말을 듣는 순간 나는 검사 후 수술을 해야 한다면 서울로 가겠다고 했고, 직원분들은 알아보더니 일단 바로 갈 수 있는 병원은 강북삼성병원과 분당서울대병원이라고 하였다.

그 사이 아들이 도착했고, 아들을 보는 순간 하염없이 울었다. 지금 병원에서 우리 모자가 할 수 있는 건 아무것도 없으니 일단 집으로 갔다가 내일 아침 일찍 오라고 했다.

집으로 와 뇌출혈 수술을 하게 되면 어디로 가면 좋을지 찾아보았고 강북삼성병원이 좀 더 수술 경험이 풍부하다는 것을 알게 되었다. 수술을 하든 안 하든 강북삼성병원으로 가겠다고 결심하고 준비했다.

다음 날 아들과 나는 늦지 않게 도착했는데 직원분들은 벌써 와 계셨다. 어제 남편과 함께 계시던 교수님도 삼척으로 가시지 않고 근처에서 주무시고 다시 병원에 와 계셨다.

다행히 새벽부터 뇌압이 떨어져 첫 촬영을 할 수 있게 되어 일찍 촬영실로 내려갔다. 그때도 남편은 멀쩡한 의식으로 우리를 보며 안심시키는 미소를 보였다.

촬영 시간은 그리 오래 걸리지 않았지만 그 순간도 정말 끔찍했다.

잠시 후 조영실에서 보호자를 불렀고 촬영을 마치자마자 그 자리에서 교수님의 면담이 이루어졌다. 교수님 말씀이 바로 수술방으로 올라가 개두술을 해야 한다는 것이었다.

그때도 창문 너머로 엷은 미소를 지으며 나를 보는 남편과 눈이 마주지고 있는데 교수님은 A4용지에 적힌 개두술에 대한 설명을 하고 계셨다.

남편이 보고 있어 무너지는 마음을 부여잡고 아무 말도 못하고 있자 교수님께서 당신도 경험이 많은 수술이긴 하지만 보호자분께서 서울로 가시길 원하신다면 바로 보내 주겠다고 하셨다.

그 말에 난 서울로 가겠다고 했고, 남편의 직원분은 남편이 가게 될 강북삼성병원의 담당 교수님과 전화를 연결해 촬영을 하신 교수님과 연결해 주셨다. 그리고 두 분 교수님의 통화가 끝나자 바로 출발할 수 있도록 진행해 주겠다고 하였다.

문을 나선 나는 하늘이 무너지는 것 같았다. 머리를 완전히 열어 수술을 해야 한다는 것에 어떤 말도 할 수 없었다. 아들과 나는 그렇게 서울 갈 준비를 기다리고 있었다.

지금 생각해도 그때 어떤 정신으로 서 있었는지 모르겠다. 그냥 직원분들의 빠른 대처와 지켜 주심이 있었기에 나와 우리 아들이 정신을 잡고 있을 수 있었던 것 같다.

우리는 소방서 구급차로 출발할 수 있었고, 병원에서 레지던트 한 분이 동승해 주셨다. 가는 동안 남편의 뇌압 체크가 필요하므로 강북삼성병원에서 요청하신 모양이다. 그렇게 우리 세 식구는 함께 서울로 향했다.

가는 동안 직원분이 강북삼성병원 교수님과 통화를 하며 도착 시간을 말씀드렸고, 우리가 도착했을 때 바로 교수님께서 내려와 계셨다.

남편은 빠르게 조치를 받았고, 곧 검사를 거치고 중환자실로 올라갈 것이라고 하시며, 보호자분들은 쉬고 있어도 된다고 하셨다.

그리고 함께 온 소방서 직원분들은 돌아가고 아들과 나만 병원에 남았다. 우리는 응급실 앞에 있었고 얼마 지나지 않아 중환자실로 올라간다고 해서 남편과 헤어졌다.

이제 우리는 정해진 면회 시간에만 만날 수 있고, 일단은 남편이 수술을 할 수 있는 상태가 되길 기다리고 있어야 했다. 중환자실에 있는 남편도 이제는 어느 정도 눈치를 챘을 것 같다. 서울까지 올라왔다는 것에서 말이다.

그때까지도 남편은 뇌출혈 환자라는 것이 믿기지 않을 정도로 정상적인 상태였기 때문에 자신이 그런 큰 수술을 받아야 하는지 모르고 있는 상태였다.

아들과 나는 중환자실 앞에서 쪽잠을 자면서 대기했다. 그냥 편안하게 잠을 잘 곳을 찾는 것조차 할 수 없어서였다. 그렇게 중환자실 앞에 있는데 남편 직장 직원 여러분께서 근무를 마치고 지하철을 타고 오셨다. 중환자실 면회 시간이 지났다는 것을 알면서도 오신 것이다.

11월의 소방서는 정말 바쁜 철임을 누구보다도 잘 알고 있는 나이기에 너무도 감사하고 죄송했다. 남편이 개두술을 하면 머리를 다 잘라야 하므로 춥다고 모자까지 사 가지고 오셨다. 그렇게 밤늦게까지 저와 아들을 위로해 주시고 다시 지하철을 타고 가셨다.

2019년 11월 13일 남편은 병동으로 옮겨 수술 준비를 하게 되었다. 강원대병원에서부터 꽂은 소변 줄이 계속 불편하다고 호소하는 남편의 말을 듣고 병실로 옮기자마자 간호사 선생님께 말씀드렸는데 잘못 꽂혀 있는 게 맞았다. 조치가 되자 안정이 되었다. 이틀간 괴로웠을 걸 생각하니 정말 속상하고 미안했다.

병실로 옮긴 남편 그리고 수술은 15일 날 잡혔기에 아들에게 간호를 맡기고 집에 다녀오기로 했다. 사실 아들도 나도 경황이 없어 제대로 준비해 오지 못한 것도 있고 집단속도 해야 했다. 직장에도 전화로만 얘기한 상태라 휴가 처리도 하고 오려고 하루만 아들에게 맡기고 집에 다녀왔다. 11월 14일 출근해 업무를 보고 휴가 처리를 했다. 그리고 바로 지하철을 타고 병원으로 왔다.

수술 전이라 아들과 아빠 모두 잘 잤다고 한다. 이제 내일이 수술이다. 내가 조금 늦게 도착했지만 수술해 주실 교수님께서 당직실에서 기다려 주셨다.

내일 수술 과정에 대한 상세한 설명을 듣는 아들과 나의 표정을 보시더니 염려하지 말라는 따뜻한 말씀으로 마무리하셨다. 이젠 남편에게 내일의 수술에 대한 이야기를 해 줄 차례였다. 본인이 받게 될 수술을 전혀 모르고 들어갈 수는 없으니 말이다.

남편은 일단 뇌출혈이 있고 이 정도면 의식 없이 병원에 실려 와도 이상하지 않을 정도인데 의식을 갖고 있었다는 것이 정말 다행이라고 했다.

출혈 부위는 범위가 넓지만 그 부분은 약물 투여 등의 조치로 잡을 수 있다고 했다. 하지만 혈관조영술에서 새롭게 뇌동맥류가 발견되었고, 일단 개두술을 통해 머리를 열어 봐야 잡아야 될 부분을 정확하게 찾을 수 있다고 했다. 조영술로 보이는 곳은 세 곳 정도이지만 안쪽에 더 있을 수도 있으며 다 찾아 주어야 한다는 것이었다.

수술 전날에도 직원분들이 오셨다. 지금 생각해 보면 처음 병원 응급실에 있을 때도 직원분들이 계속 번갈아 가며 곁에서 지켜 주셨다. 이강우 방호사법 담당님께서 직원들이 조를 짜 돌아가면서 함께 있어 줄 거니 염려 말라고 하셨던 말씀이 생각난다.

그때만 해도 정신이 없어 그냥 대답만 했는데 지금 돌이켜 보면 계속 함께 계셔 주셨다. 그리고 병실 간호도 돌아가면서 하시겠다는 말씀까지 하셨다. 정말 고마우신 분들이다.

남편의 수술 날 직원분들이 전화하셨다. 수술 마치면 올라오시겠다고. 수술 들어가는 남편은 "나의 공석도 미안한데 직원들 이제 오지 마라."라고 당부를 하고 수술방으로 들어갔다.

아들과 나는 대기실에 앉아서 기다리고 있었다. 예상 수술 시간은 4시간이었다.

오전 8시가 조금 넘어 수술방으로 들어가 준비 중이라고 떠 있던 남편, 나중 순서였던 환자들의 수술이 시작되는데도 남편은 계속 준비 중이었다가 9시 25분이 되어서 수술이 시작되었다.

오후 1시 전후로 남편의 수술이 마치지 않을까 예상했는데 오후 2시 30분이 되어 가는데도 계속 수술 중이었다. 그때부터는 마음이 불안해지기 시작했다.

그때 함께 수술에 참여하셨던 교수님께서 오셔서 수술은 제대로 잘 마무리되었고 생각보다 숨어 있는 혈관들이 있어 다 찾느라 시간이 좀 걸렸으며, 현재 담당 교수님께서 마무리를 하고 계신다는 소식을 전해 주셨다. 정말 안심이 되었다.

아들과 나는 점심도 먹지 못하고 마음 졸이고 있었는데 너무 감사한 소식이었다. 제일 먼저 들어갔음에도 다른 환자들 다 수술 받고 나가는 사이 우리만 계속 그 자리에서 기다리고 있어야 하는 그 순간이 참 많이 힘들었다.

오후 4시 30분이 되어 남편은 수술방을 나올 수 있었고, 바로 중환자실로 옮겨졌다.

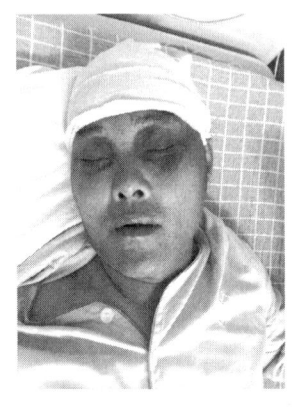
아들과 나는 오늘도 남편을 보지 못하고 중환자실 앞으로 이동해 쪽잠을 청하며 남편이 깨어나길 기다리기로 했다.

오후 7시 30분경 수술을 해 주신 교수님께 중환자실로 오셨고, 수술 결과를 직접 들을 수 있었다. 남편의 수술은 정말 완벽하게 잘되었고 깨어나면 바로 병실로 옮겨 주신다고 하셨다.

우리는 그제야 한 끼도 먹지 못함을 인지하고 준비해 간 컵라면과 햇반으로 휴게실에서 끼니를 때우고 의자에 기대 잠을 청했다.

병원의 아침은 언제나 일찍 시작된다. 동이 트기 무섭게 북적이기 시작했고 중환자실 아침 면회 시간이 다가오자 보호자들로 입구가 북적이기 시작했다. 화장실에서 대충 씻고 짐을 챙겨 한편에 놓고 면회 순서를 기다렸다.

남편의 몰골이 말이 아니었다. 하지만 예후가 좋아 오늘 중으로 병실로 옮길 수 있다고 했다. 우리는 다시 중환자실 앞에서 기다렸고, 오후에 병실이 나 옮길 수 있었다.

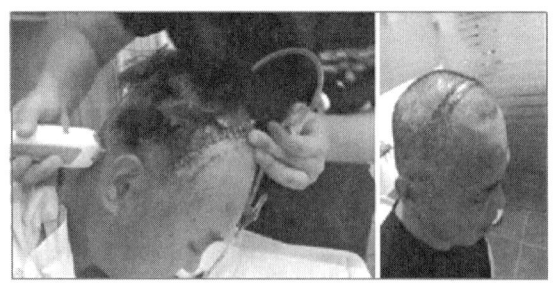

병실에 와서 들은 이야기로는 담당 교수님은 원래 수술을 마치면 마무리는 레지던트들에게 맡기고 나가시는데 남편 수술 때는 마무리까지 교수님께서 직접 다 하셨다고 한다. 이제 우리 가족에게는 시간이 약이었다.

병실에는 보호자 한 명만 있을 수 있어 아들과 왔다 갔다 하며 간호를 했다. 울 아들은 가까이에 있는 외가에 가 쉬었다 오라고 해도 그냥 엄마, 아빠 곁에 있겠다고 했다.

낮에는 아들과 내가 함께 간호를 하고 밤에는 보안 요원이 수시로 다니기 때문에 커튼을 닫고 조용히 머물러 있어야 했다. 점검을 하시기 때문에 함께 있을 수 없기도 하고 잠자리도 불편했다.

처음엔 남편 옆에선 내가 자고 아들은 휴게실에서 잤는데 아저씨들이 밤늦게까지 TV를 시청하며 눈치를 주는 것 같아 나중에는 아들을 아빠 곁에 자게 하고 내가 다른 휴게실을 찾아 잠을 청했다. 다행히 그곳엔 중환자실에 있는 환자 보호자인 여자분이 계셔 함께 있을 수 있었다.

처음엔 목소리가 나오지 않아 말도 못하고 그냥 세상만사 다 귀찮아하던 남편에게 의사 선생님의 걷기 운동 처방이 떨어지고 나와 남편은 매일 아침저녁으로 병원을 돌아다니는 운동을 하였다.

물론 몇 걸음 걷지 않고 쉬고를 반복하고 갑자기 어지럼증을 호소하며 쓰러질 뻔도 해 십년감수했지만, 휠체어 신세였던 남편의 다리에도 조금씩 힘이 들어오고 조금씩 걷기 시작했다.

이제 아들은 청원 휴가를 다 소진하고 복귀를 해야 했기 때문에 회복된 아빠와 인사를 하고 집으로 갔다. 비워져 있던 집 정리도 하고 자기 짐도 정리해 다음 날 버스를 타고 복귀할 것이었다.

엄마를 혼자 남겨 놓고 가는 우리 아들이 나를 안아 주고 돌아섰다. 아들의 뒷모습을 한참 지켜보다 병실로 돌아왔다.

이제 남은 것은 남편이 소변 줄을 떼고 자가 소변에 성공하는 것이었다. 며칠 전 소변 줄을 떼고 자가 소변을 유도했으나 실패하고 말았다.

소변을 보기 위해 엄청 노력했지만 소변이 나오지 않고 차기만 해 하는 수 없이 다시 소변 줄을 끼운 상태이다. 조금 진정이 되면 다시 한번 시도해 보기로 했다.

다음 날 소변 줄을 제거하고 우리는 소변을 보기 위해 엄청 노력을 했는데 잘되지 않아 두 번을 선생님이 오셔 뽑아 주셨다. 다음 날까지 계속 못 보면 다시 소변 줄을 끼울 거라 하셨고, 그럼 예정했던 퇴원 날짜에 퇴원할 수 없다고 하셨다.

나도 나지만 남편이 더 퇴원을 간절히 원했기에 계속 물소리를 들려주기도 하고 화장실을 반복해 다녔다.

그렇게 수도 없이 들락날락하면서 시도하던 어느 순간 성공했다. 하지만 잔여량이 아직 많이 남아 있어 좀 더 시원하게 배출되어야 한다고 하셨다. 이번엔 일부러 샤워도 하고 계속 물소리를 들으면서 소변을 유도했다. 그리고 시원하게 해결이 되었다.

예정 날짜보다 하루 지연되긴 했지만 다행히 토요일에도 퇴원 수속을 밟을 수 있다고 하셔 우리는 토요일 아침에 퇴원해도 된다는 연락을 받았다.

처음 응급실에 들어간 지 14일, 삼성병원에 입원한 지 13일 만에 퇴원하게 된 것이다.

  퇴원하는 우리를 위해 주말인데도 직원분들이 데리러 와 주셨다. 직원분들이 아니었으면 지난주에 잠깐 집에 가서 차를 가져와야 했을 텐데 정말 감사한 일이다.
  입원해 있는 동안에도 직원분들은 내가 너무 미안할 정도로 계속 다녀가셨고, 소방본부장님도 다녀가셨다. 본부장님이 오셨을 때만 해도 남편은 아직 회복 중이라 말도 잘 못하던 때였다.
  평소에 너무도 건강했던 남편이었기에 오시는 분들 모두 너무 기가 막혀 하셨다. 그 기가 막힘은 나도 마찬가지였으니 말이다. 정말 건강은 과신하면 안 되는 것이다.
  면회 인원과 시간이 정해져 있는 관계로 오셨다 로비에서 나만 만나고 가신 분도 계시고, 추격전같이 보안 요원을 피해 남편의 얼굴만 보고 가신 분도 있었다. 남편은 모두 귀찮다는 그런 표정으로 있었지만 말이다.
  퇴원을 위해 오른 차 안에서도 남편은 조마조마했다. 평소 같지 않은 남편의 모습에 직원분들은 적잖게 당황하신 것 같았다.

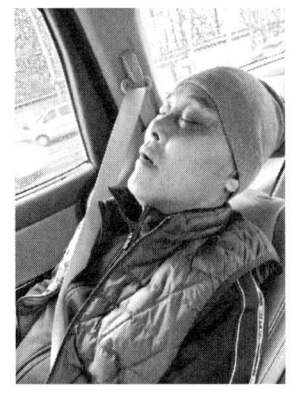
항상 자신보다 남을 먼저 생각하는 배려심 강한 남편이 살짝 어린아이가 된 것처럼 앉은 좌석이 불편하고 답답하다며 안전벨트를 풀기도 하고 차 바닥에 주저앉기도 하는 행동을 본 직원분들은 많이 당황하는 눈치였다.

퇴원하기 전 교수님께서 하신 말씀이 생각났다. 조금의 이상 성격이 나타날 수도 있다는 말씀이었다. 뇌를 열고 좁혀진 혈관들을 찾아 다시 연결하는 큰 수술을 받았으니 그런 약간의 변화는 당연히 있을 수 있다 생각된다.

하지만 정상으로 돌아가 다시 직장 생활을 할 수 있을지는 많이 걱정되었다. 참을성이 많이 없어진 상태였기 때문이었다. 그렇게 두 시간을 달려 집으로 무사히 도착했고 직원분들은 서둘러 짐을 들어 주신 후 불편해할 내가 염려되었는지 바로 돌아가셨다.

보름 만에 집으로 돌아왔다. 보름 전 둘이 출근하면서 남편을 데려다주고 나도 출근했었는데 꿈같은 일을 겪고 집으로 돌아왔더니 정말 머리를 한 대 맞은 듯한 멍함과 긴장이 풀어져 아무것도 할 수 없어 잠시 주저앉아 있었다.

그 사이 남편은 잠이 들었다. 오는 내내 차 안에서 한숨도 자지 못하고 뒤척였으니 얼마나 피곤했을까. 그리고 남편도 집이 좋았나 보다.

잠든 남편을 뒤로 하고 집 정리를 하는데 며칠 전 다녀간 아들이 청소며 집 정리를 다 해 놓고 열흘이 넘게 방치되었던 화초들에게 물도 주고 복귀했다. 아들이 없었으면 어쩔 뻔했나 싶다.

잠시 고민을 했다. 남편을 혼자 집에 둘 수는 없고 그렇다고 내가 계속 간병을 해야 하나의 문제이다. 하는 수 없이 경기도에 살고 계시는 친정어머니께 전화를 드렸다.

내가 없는 낮 시간 동안 점심만 챙겨 주시고 지켜봐 주시기만 하면 되니 좀 내려와 달라고 부탁을 드렸고 언니가 어머니를 모시고 내려왔다.

이제 언제까지가 될지 모르겠지만 남편이 얼른 회복해 혼자 생활을 할 수 있을 때까지 낮 시간에는 어머니와 함께 있게 된 것이다. 다리에 근육이 다 빠져 힘이 없는 남편은 자신의 모습이 너무 싫었나 보다.

이른 아침에도 나를 깨워 운동을 가자고 하고, 한밤중에도 잠이 오지 않으면 나를 쳐다보고 있어 내가 운동을 가겠냐고 물으면 "그러자." 하고 대답했다.

아침저녁으로 그리고 낮에는 어머니와 함께 하루에 세 번씩 동네 한 바퀴를 비틀거리며 걸었다. 처음엔 손을 잡고 걸어야 했다. 잡은 손에 얼마나 힘을 주는지 내가 땀이 생길 정도였다. 그리고 몇 번을 반복해 쉬었다 걸어야 했다.

그렇게 하루, 이틀, 일주일이 지나면서 두세 번 쉬었던 코스를 한 번도 쉬지 않고 돌아오기도 하고 조금 더 멀리 운동을 나가기도 했다. 한 번은 집으로 문병을 온 직원 분들이 근무하고 있는 내게 전화를 했다. 집에 아무도 없다는 것이었다.

당연히 근처 한 바퀴를 돌고 계실거니 조금 기다리면 오실 거라 했고, 한동네 살고 있는 직원은 매일 운동 다니는 코스를 따라 찾아 나서기까지 했는데 찾지 못하고 그냥 가신다고 하셨다.

알고 보니 어머니랑 평소보다 더 멀리 운동을 나간 것이었다. 어머니도 전화기를 깜박 잊고 놓고 가신 바람에 연락이 되지 않았던 것이었다.

그렇게 운동 시간과 반경을 점점 넓혀 가면서 몰라보게 달라지기 시작한 것이 퇴원 후 20여 일 정도가 지났을 때였다.

남편과 나는 하루도 걷기를 게을리하지 않았다. 하긴 건강했을 때 남편은 운동을 시작하면 끝을 보는 사람이었기에 지금 자신의 모습을 그냥 받아들일 수 없다는 표정으로 자다가도 일어나 앉아 한숨을 쉬기도 했다.

그리고 우리는 헤드 랜턴을 착용하고 새벽 2시에도 운동을 나왔다. 점점 운동량도, 시간도 늘고 이제는 쉬는 횟수도 거의 없었다.

그 20여 일 동안 정말 기적같이 좋아지기도 했지만 감사한 일이 너무 많았다. 매일 끊이지 않고 찾아오는 직원분들, 친구들, 선후배들이었다.

우리 남편은 사실 22년을 함께 살면서 전원주택을 지어 시골로 들어오기 전까지만 해도 집보다는 일과 사람들이 우선인 사람이었다.

학교를 다니고 있던 아들은 아빠의 얼굴을 주말에나 볼 수 있었으니 말이다. 아침엔 아들이 자는 모습 보고 출근하고 저녁, 아니 새벽에도 아들이 자고 있을 때 귀가했으니 말이다.

뇌출혈로 입원하고 퇴원하는 내내 서울까지도 끊임없이 찾아와 주시던 많은 분들과 집으로도 이어지는 문병은 내 남편이지만 정말 감동이었고 감사했다. 이 사람 사회생활 정말 잘했구나, 어쩜 이럴 수 있을까 싶을 정도였으니 말이다.

막내 직원들까지 찾아 주며 동네에서도 소문이 날 정도로 계속 손님이 오셨다. 사실 시골 전원주택 단지라 우리 주민 말고 누구네 집에 손님이 다녀가는 것을 훤히 내다볼 정도의 공간인데 하루에도 서너 차례 사람들이 드나드는 모습을 보고 주민들도 놀라셨으니 말이다.

그 감사함은 이루 말로 다할 수 없는 일이다. 우리 어머니께는 사위 점심만 챙겨 주고 걷기 운동 한 번씩만 다녀 주시면 된다고 했는데 계속 이어지는 손님들의 차와 과일 대접을 하시게 했으니 말이다. 20여 일 동안 깎아 주셨던 과일의 양도 어마어마했다.

그렇게 우리 남편은 잘 회복되었고 이제 낮 시간에 혼자 있어도 괜찮아져서 그동안 조금 답답하셨을 어머니는 다시 언니가 모셔 갔다.

남편은 내가 출근하면 혼자 점심을 챙겨 먹고 있다가 퇴근 시간에 맞춰 걸어서 한 시간 거리의 내 직장으로 와 함께 장을 봐 퇴근을 했다.

운동을 하던 어느 날엔 하염없이 걷다 보니 2시간 45분 정도 돌아서 집으로 온 적도 있다. 불과 10여 일 전만 해도 상상도 하지 못할 운동량이다.

내가 출근한 낮 시간에는 직원분들이 와 함께 외출해 점심 식사를 하고 오기도 했다. 그러면서 해를 넘긴 남편은 집에 있는 것이 너무 답답하다며 출근하고 싶다고 했다.

사실 처음엔 3월 정도에 복직을 예상했던 터라 좀 당황스럽긴 했지만 담당 교수님도 어쩌면 일상으로 돌아가는 것이 더 빠른 회복에 도움이 될 수 있다고 하시기도 했다. 전보다 조금 까칠해지긴 했지만 기본적으로 성향이 순한 남편의 까칠함은 나와 아들 눈에만 보이는 정도였다.

모두들 빠른 복귀에 걱정을 했지만 나와 아들은 남편을 믿을 수 있었다. 1월 11일 남편과 함께 직원분들께 무사히 돌아올 수 있음을 감사하는 마음을 담은 영양바를 만들었고, 남편이 1월 13일 자로 복귀를 하였다.

월요일 아침 주말에 정성껏 만든 160여 개의 영양바를 챙겨 출근했다. 도착했을 때 직원분들이 나와 계셨고 나는 남편의 뒷모습을 보면서 준비한 영양바를 전해 드리고 돌아섰다. 그렇게 길 것만 같았던 남편의 투병 생활은 남편의 승리로 마무리되었다.

뇌출혈을 발견하고 두 달 만에 큰 수술을 이겨 낸 남편과 우리 가족이 이 큰 사건으로 정말 많은 것을 배웠다. 우리 집 문지방이 닳아 없어질 정도로 찾아와 주신 직원과 주변 지인 분들의 따뜻함은 말할 것도 없고 치열하게 살아온 남편도 정말 칭찬해 주고 싶다.

때로는 가정에 조금 소홀한 남편을 적잖게 원망도 하고 살았는데 자신의 일에 최선을 다하느라 그런 것이라 이해도 할 수 있게 되었다.

지금 우리 남편은 얼마 남지 않은 직장 생활의 마무리를 준비하고 있다. 돌아보면 정말 숨 가쁘게 달려왔고, 그 결과 많은 사람들의 칭송과 명예도 얻은 감사한 날들을 뒤로하고 주방에서 가족을 위한 요리도 하는 요색남이 되어 가면서 퇴직 후를 준비하고 있다.
　글도 쓰고, 주말 농장 가꾸기도 열심히 하고 있는 우리 남편의 제2의 인생길에 뜨거운 박수를 보낸다. 그동안 수고 많았고 앞으로 잘 살아 보자고, 오늘이 바로 내 인생에 가장 젊은 날이니 파이팅하자고!

　이상이 아내의 가슴 아팠던 나(남편)의 병원 생활 이야기였다.
　가장(남편)이 쓰러지면서 혹여 잘못될지도 모르는 두려움 속에서 마음을 졸였던 아내와 아들에게 좀 더 잘해 주고 싶다. 세 번의 죽음을 경험하면서 못 할 게 뭐 있겠는가.

죽음의 문턱에서 느낄 수 있는 감정

    나는 세 번의 죽음을 경험하면서 느꼈던 여러 가지 감정들을 회고해 보았다.

    첫 번째, 공포다. 많은 사람들은 죽음을 두려워한다. 죽음의 문턱에서는 더욱 강한 공포를 느끼게 된다.

    두 번째, 불안이다. 죽음이나 삶의 변화에 대한 불안은 자연스러운 것이다. 우리는 불확실한 미래에 대해 걱정하고 새로운 상황에 대한 불확실성을 느끼기 때문이다.

    세 번째, 슬픔이다. 죽음이나 삶의 손실에 대해 경험하며 느끼는 것은 자연스러운 것이다. 우리가 사랑하고 소중히 여기는 사람을 잃을 때 나타날 수 있다.

네 번째, 절망이다. 우리가 가진 모든 것을 떠나야 한다는 사실에 대해 절망감을 느낄 수 있다. 모든 것이 끝나는 것처럼 느껴지며 이는 우리에게 무력감을 느끼게 할 수 있다.

다섯 번째, 회한이다. 우리가 이전에 한 일이나 사람들과의 관계에 대한 회한을 느낄 수 있다. 이는 우리가 더 나은 인간으로 성장하고자 하는 욕구로 이어질 수 있다.

여섯 번째, 외로움이다. 죽음의 순간에는 자신을 둘러싸고 있던 모든 것들이 사라지고 외로움을 느낄 수도 있다.

일곱 번째, 수용이다. 죽음의 순간에는 자신이 받아들여야 할 것이 무엇인지에 대한 깨달음을 얻을 수 있다.

여덟 번째, 평화다. 죽음의 순간에는 인생의 끝이 다가온다는 느낌이 들지만, 때로는 평화로움을 느낄 수도 있다.

아홉 번째, 그리움이다. 우리가 떠나는 것이 불가피한 사실임을 깨닫게 된다. 이러한 깨달음은 그리움을 느끼게 할 수 있다.

열 번째, 감사다. 우리가 가진 것에 대해 더욱 감사할 수 있다. 이는 삶을 더욱 의미 있는 것으로 만들어 주는 중요한 감정이다.

하여, 저자는 죽기 전에 최선을 다하는 삶을 살자는 메시지를 던진다.

5

35년 경력
소방서장의 성장 과정

새내기 소방관 시절의 추억

　1988년 9월 1일 신규 임용장을 받고 태백 소방서 황지 파출소(현 황지 119 안전센터)에 배치되었다. 소방 선배로부터 이론과 실기 등 자체 교육을 받고 화재 진압 대원으로의 여정은 시작되었다.
　화재 진압 업무는 2인 1조를 기본으로 활동한다. 소방 호스를 맨 앞에 잡는 관창수는 선임이 하고 관창 보조는 후임이 맡는다. 1년여 동안 관내 화재 현장에서 관창[10] 보조 업무를 했다.
　1989년 9월 초 소방학교 신임 기본 교육 과정 입교 명령이 떨어 졌다. 학교는 충남 천안에 소재하는 중앙소방학교였다. 교육 과정 중 사고 났던 부분은 앞서 이야기했기 때문에 생략한다. 6주간 진행된

---

10) 소방 호스 끝 부분에 달려 있는 분출 장치

기본 교육을 이수하고 소속 관서로 복귀하였다.

당시 소방공무원 근무는 내근과 외근으로 구분되어 내근은 일근을 하고 외근은 격일제로 24시간 근무하고 24시간 쉬는 근무 체계로 되어 있었다.

어느 날 내근 인사팀에서 소방차 운전 희망자 모집이 있었다. 대형 운전면허 자격자는 화재 진압 소방펌프차를 운전할 수 있고 1종 보통 운전면허 자격자는 구급차, 행정차만 운전이 가능했다.

나는 1종 보통 운전면허를 갖고 있었다. 그래서 구급차 운전에 도전해 보고 싶어서 망설임 없이 지원을 했다. 화재 진압 업무에서 소방차 운전 요원으로 보직 변경을 한 것이다.

이후 구급차 운전이 주 임무가 되어 열심히 응급 환자 곁으로 달려갔던 기억이 있다. 그중 병원 이송 과정에서 발생했던 짤막한 사연 두 가지 정도만 이야기하겠다.

한 번은 출산을 앞둔 임산부 신고가 접수되어 병원으로 이송하였다. 임산부를 병원 측 들것에 인계 후 돌아서는데 보호자인 남편분이 고맙다고 1만 원권 지폐를 주었다. 갑자기 당황스러웠다. "아닙니다. 저희 소방대원들은 돈을 받지 않습니다."라고 했더니 구급차까지 쫓아와서 차 안에다가 1만 원권을 휙 집어 던져 놓고는 병원 안으로 들어가 버렸다.

또 하나는 도로에 사람이 쓰러져 있다는 신고가 접수되어 출동을 했다. 현장에 도착하니 50대쯤 되는 주취자가 넘어져 머리에 피가 나는 상황이었다. 일단 기본 응급처치를 하고 병원으로 이송하는데 빨리 안 간다고 병원 도착 내내 욕설을 하였다.

지금은 구급차에 CCTV가 설치되어 증거를 확보해서 주취자 여부 불문 사법 처리를 할 수 있지만 과거의 주취 환자 같은 경우에는 무법천지였다.

1990년쯤으로 기억을 한다. 어느 날 주간 근무를 하고 있었다. 사무실 천장 스피커에서 "황지 자유시장 화재 출동! 황지 자유시장 화재 출동!" 방송이 나오면서 출동 지령이 떨어졌다.

그날 우리 근무조는 운전 요원이 나를 포함해서 3명이었는데 대형 면허 소지 운전 요원 한 명은 구급차를 몰고 출동을 나갔다. 사무실에 남은 운전 요원은 대형 면허 소지자 한 명과 1종 보통 면허만 가지고 있는 나 포함해서 두 명이었다.

일단 기본적으로 소방펌프차 두 대가 출동을 해야 하는데 한 대는 대형 면허를 갖고 있는 운전 요원이 출동을 했고, 나는 차고까지는 뛰어나갔는데 소방펌프차를 운전해 본 적이 한 번도 없었기 때문에 겁이 났다.

그런데 당시 내근 계장 한 분이 2층에서 차고까지 뛰어 내려와 "주 반장! 뭐 해! 빨리 소방펌프차 끌고 가야지."라고 소리쳤다. 엉겁결에 대형 소방펌프차에 올라탔다.

과거 대형 소방차는 말뚝 기어로 2단 출발을 해야 하는데 4단 기어가 들어갔다. 출발하는데 시동이 푹 꺼졌다. 다시 시동을 걸고 기어를 넣었는데 또 4단이 들어갔다. 클러치를 밟아 조정을 하면서 출동을 했다. 속력이 안 났다. 4단 출발을 했으니 속력이 날 리가 만무했다. 점점 가면서 속도가 붙기 시작했다.

황지 자유시장 입구 쪽에 차를 세우기 위해서는 인근 사거리에서 90도 좌회전을 해야 했다. 좌회전을 하려면 저속으로 기어 변속을 해서 속도를 줄여야 하는데 달리는 탄력에 의해 변속이 안 되었다.

그래서 그냥 브레이크만 잡으면서 좌측으로 운전대를 꺾어 돌렸다. 차가 휘청하면서 중심을 겨우 잡을 수 있었다. 잘못하면 차량이 전복될 뻔했다.

그때 그 기억, 아찔한 순간을 아직도 잊을 수가 없다. 간신히 화재가 난 시장 입구에 차를 세워 화재 진압을 할 수 있었다. 화재 진압을 마치고 소방서로 돌아올 때에는 비상 소집된 대형 면허 소지자 운전 요원이 끌고 들어왔다. 그렇게 새내기 소방관은 엎어지고 자빠지면서 성장해 나갔다.

소방에는 경찰 간부 후보생 제도와 마찬가지로 소방 간부 후보생 제도가 있다. 나는 소방관으로 입사한 지 1년 6개월이 경과한 후 소방 간부 후보생 선발 시험에 도전하기 위해 근무하면서 짬을 내어 공부하기 시작했다.

24시간 근무하고 24시간 쉬는 근무 체계, 야간 근무를 하고 퇴근을 하면 조금이라도 잠을 자야 하기 때문에 휴무일에 공부하는 것도 쉬운 일이 아니었다.

그럼에도 불구하고 시험일은 다가오고 마음은 조급해지고 있었다. 1991년 11월 원서 접수다. 한 새내기 소방관의 성장의 계기가 된 시점은 여기서부터다. 1991년 5월 31일이 그날이다. 외근 근무에서 내근으로 발탁이 되었다.

인사 발령은 인사권자의 고유 권한이겠지만 당시 나에게는 내근으로 발탁한다는 언급이 전혀 없었다. 기분이 많이 상했다. 간부 후보생 시험 준비에 열공을 올리고 있었으며 이제 마무리를 해야 할 시점에 내근에 가서 근무를 하면 업무를 새로 배워야 하기 때문에 간부 후보생 시험은 접어야 할 상황이었다.

행정 업무를 하는 새로운 부서에서 근무를 하기 시작했다. 기분 좋게 일할 리가 만무했다. 인사 담당자가 자꾸 미워지는 거였다. 어느 날 환영 회식이 있었다. 1차는 시중 음식점에서 먹고 2차는 과 직원 집인 ○○아파트에 가서 술을 또 마셨다.

2차가 끝나고 아파트 마당에서 고등학교 5년 선배인 인사 담당자에게 대들었다. "간부 후보생 시험 준비 중인 나를 왜 내근으로 발령을 냈냐."라고 막 따졌다.

둘 다 술이 취한 상태여서 실랑이를 하다가 나는 그 당시 마음이 너무 분해서 입고 있던 반팔 티셔츠를 벗어서 갈기갈기 찢고 쓰고 있던 안경을 땅바닥에 내던졌다.

그리고는 울면서 집으로 가는데, 선배는 "거기 안 서!" 하면서 따라왔다. 주변에 동료 중 한 사람은 선배를 붙잡아 말리고 또 한 사람은 나를 부축해서 집으로 데려다줬다.

다음 날 기분이 안 풀어져 일부러 출근을 안했다. 무단결근! 징계감이다. 그런데 그다음 날 출근을 했더니 선배가 병가 처리를 해 놓았던 것이다.

지금 생각해 보면, 선배 인사 담당자의 잘못이 아니었다. 선배는 지역 후배를 주요 부서에 발탁하기 위해 엄청 애를 썼는데 나는 배은망덕한 후배가 되어 버렸다.

아직까지 그 선배에게 제대로 사과를 해 본 적이 없다. 선배는 과거 일을 다 잊었을 수도 있겠지만, 나는 선배에게 대들었던 그 당시가 가끔씩 생각이 난다. 먼저 이 글을 쓰면서 그 당시 무례하게 행동해서 죄송했다고 말씀드리고 싶다. 언젠가 시간 내서 한번 찾아뵐 것이다.

어찌 됐든 소방 간부 후보생 선발 시험 준비를 했으니 응시는 해야겠다는 마음으로 필기시험 일주일 전에 천안으로 갔다. 숙소는 중앙소방학교 인근 민박집을 구해서 마무리 공부를 하고 시험에 응시를 했다.

시험 문제를 보는 순간 못 봤던 문제들이 여러 개 보였다. 공부를 많이 못 했던 탓이겠지. 누구를 원망하랴. 억지로 답을 다 적고 나왔다.

합격자 발표일 하루 전날, 저녁에 내가 근무하고 있는 소방서 119상황실 직원으로부터 전화가 왔다. 간부 후보생 시험을 합격했다는 것이다.

어리둥절 긴가민가 설레는 마음으로 다음 발표 날 출근을 해서 본부 인사 담당자에게 물어봤더니 불합격! 실망, 좌절, 창피, 바보, 멍청이 등 자책하는 온갖 단어들이 떠올랐다. 강원도에서 두 사람 합격! 다른 사람이었다.

이후 정신을 차리고 간부 후보생 선발 시험 도전을 또 해 볼까도 생각했지만, "나의 능력으로는 안 되는구나." 생각하면서 포기 선언을 했다. 그렇게 새내기 소방관의 삶은 조금 더딘 듯 한 계단, 두 계단 밟으면서 성장하기 시작했다.

그때 그날을 기억하는가

나는 35년의 근무 경력 중 30여 년을 행정 업무, 즉 내근 부서에서 근무했다. 재난 현장 업무는 5년여 정도밖에 안 되지만 나름 이론을 습득하고 현장 직원들과의 긴밀한 소통으로 경험 부족이라는 취약점을 보완해 왔다.

그리고 재난 현장의 수많은 사건들이 있지만 그중에서 사회적으로 이목이 집중되었던 구조 사례 1건과 국민들에게 감동을 전해 줬던 응급 이송 사례 1건을 떠올려 본다.

이 사례는 내가 나와 함께 근무했었던 구조대원과 구급대원이 직접 현장에서 느꼈던 감정들을 이야기로 풀어 본다.

때는 지금으로부터 12년 전인 2011년 7월 27일 춘천시 신북읍 천전리에서 발생한 산사태로, 유명을 달리하신 13분에게 삼가 조의를 표한다. 나는 당시 강원도 소방본부에서 재난 상황 보고 임무를 맡고 있었다.

홍성철은 춘천 소방서 119 구조대원으로 나와 함께 근무했었던 베테랑 소방관이다. 그는 특전사에서 4년 6개월의 군 복무를 마치고, 구조 경력 경쟁 채용으로 소방에 입문하였다.

나는 2023년 우리 춘천 소방서 시책 중 하나로 '책 읽는 소방관 프로젝트'를 시행하고 있다. 그 일환으로 《레스큐(저자 김강윤)》라는 책 세 권을 구매해서 1월 10일 119 구조대 사무실을 방문하였다.

이때 구조대원들과 차담회를 하면서 당시 신북읍 천전리에서 발생한 산사태 이야기를 들을 수 있었다. 이후 내근에서 함께 근무하고 있는 유종수 구급 담당자(이전 현장 구급대원)에게 요청을 했다. 2021년 9월 17일 언론에 많이 보도되었던 고속도로에서의 임산부 아기 분만 응급조치 상황에 대해 설명을 해 달라고 말이다.

〈춘천 소방서 홍성철 구조대원으로부터 그날의 증언〉

나는 2011년 7월 어느 여름날 구조대에서 여느 때와 마찬가지로 열심히 근무하고 있었으며 야간 근무를 마치고 아침에 퇴근하여 지난밤의 잦은 출동으로 인한 피로를 풀면서 달콤한 휴식을 취하고 있었다.

저녁이 되자 갑자기 비가 쉴 새 없이 쏟아지기 시작했다. 마음속으로 이런 비가 내리면 비상소집이 걸릴 것 같다는 예상은 하였지만,

그 예상은 그리 오래 걸리지 않았다.

21시 30분경 비상소집 1단계가 발령되었다. 구조대 비번자 중에서 먼저 한 명만 소집이 되었는데, 내가 바로 그 대상자였다.

폭우를 뚫고 사무실에 도착하니 22시 정도 되었던 것 같다. 혹시 모를 출동에 대비하고자, 내 개인 보호 장비들을 점검하면서 구조공작차에 적재를 하고, 사무실 TV로 기상 상황들을 체크하고 있었다.

23시가 약간 넘었을 무렵 갑자기 구조 출동 벨소리가 울렸다. 내용은 춘천 공지천에 있는 바지선들이 떠내려갈 것 같다는 내용으로 현장 확인 및 안전 조치가 필요하다는 내용이었다.

5명의 구조대원들은 구조공작차와 수난구조차 두 대로 출동하여 현장에 가서 확인한 바, 갑자기 불어난 물에 각종 쓰레기와 나무들이 떠내려오면서 바지선을 고정하고 있는 와이어와 바지선에 부유물들이 걸려 그 저항들을 이기지 못하고, 삐그덕거리는 굉음을 내고 있었다.

다행히 지나다니는 행인들이 없어, 그 주변으로 들어가지 못하게 통제선을 설치하고, 혹시 모를 상황에 대비하고 있었다.

그런데 갑자기 본부 상황실에서 무전기로 구조대는 신북읍 천전리로 이동하라는 지령이 내려왔다. 이동하면서 무전 내용을 들어 보니 산사태가 발생하였는데, 현장 상황은 잘 모르겠고 현장에 가서 확인하라는 내용이었다.

이동하면서 무전기에서는 쉴 새 없이 무전음이 들리고, 본부 종합상황실로 신고가 빗발치듯 계속 들어오는 걸 알 수가 있었다.

그렇게 구조대원 5명은 현장에 도착하였는데, 도로였던 길은 사라지고 전쟁터에서나 볼 수 있는 듯한 광경이 바로 내 눈앞에 나타났다.

우리에게 그늘을 제공했던 산은 쏟아지는 빗줄기를 이기지 못하고 그 형태를 알아볼 수 없게 변했고, 엄청난 양의 토사가 건물을 뒤덮고 우리 앞을 가로막고 있었던 것이다.

그 진흙을 뚫고 앞으로 나아가야지만 안쪽 상황을 알 수 있었는데, 허리 높이까지 빠지는 그곳을 빠져나가기는 너무 힘들고 어려웠다. 우리들은 구조공작차에 실려 있는 바스켓을 내려 그곳에 필요한 장비들을 옮겨 싣고 주변의 나무 널빤지를 이용하여 갯벌 썰매를 타듯이 조금씩 조금씩 앞으로 나아갔다.

그렇게 도착한 안쪽 상황에 정말 내 눈을 의심하였다. 펜션 뒤쪽에 있던 산에서 산사태가 발생하여 그 많은 토사가 펜션을 뒤덮고 지나간 현장은 마치 태풍이 지나간 것처럼 아비규환이었다.

처음으로 내 눈에 들어온 여학생은 온몸에 진흙을 뒤집어쓴 채 난간 끝에 위태롭게 걸터앉아 있었다. 가까이 다가가 말을 걸어 보았지만 그 학생은 말도 못하고 넋이 나간 상태로 그저 멍하니 앉아 있을 뿐이었다.

(나중에 생각해 보니 그 여학생은 방에서 쉬고 있다가 산사태가 일어났을 때 토사의 끝자락에 밀리다가 난간 끝에서 멈추지 않았을까 하는 생각이 들었다.)

우리는 어떻게든 그 여학생을 안전지대로 이송해야 했기에 바스켓에 눕혀 최초 우리가 진입했던 곳으로 이동하였다. 다행히 후착대 인원들이 속속히 도착하면서 허리까지 올라오는 진흙밭에 주변 나무들을 이용하여 빠지지 않게 길을 만들고 있었다.

그 여학생을 이송 후 다시 현장으로 들어가 살펴보던 중 우리의 발밑에 뭔가 뭉클한 것이 밟혔다. 우리는 직감적으로 알 수 있었다. 그렇다, 바로 사람이었다.

옆에 삽이 있었지만 우리는 삽을 이용할 수 없었다. 만일 삽으로 토사를 걷어 내다가 자칫 큰 상처가 날 수 있다는 것을 알았기에, 누가 먼저랄 것도 없이 우리들은 맨손으로 그 토사를 파내고 있었다.

그렇게 한참을 파내려 가던 중 긴 머리의 여학생 얼굴이 보였다. 숨이라도 쉴 수 있게 얼굴 주변부터 차츰차츰 온 힘을 다하여 토사를 걷어 내고 심폐소생술을 하는데 마치 막 잠에 든 사람처럼 몸에는 온기가 느껴졌다. 심폐소생술을 할 때마다 그 여학생의 입에서는 진흙이 뿜어져 나왔지만 멈출 수가 없었다.

한 명은 심폐소생술을 하고, 다른 구조대원들은 그 여학생 주변을 살펴보던 중 다시 발밑에 뭉클한 느낌을 느껴 또다시 맨손으로 토사를 파내고 보니 이번에는 남학생이 보였다.

그 남학생의 몸에도 온기가 느껴졌다…. 심폐소생술을 할 때마다 그 남학생의 입에서도 조금 전에 찾은 여학생처럼 진흙이 뿜어져 나왔다. 그 당시 우리가 할 수 있는 최선의 방법은 심폐소생술뿐이었다.

우리 구조대원들은 그렇게 주변이 환해질 때까지 현장에서 몇 명의 젊은 학생들을 진흙더미 속에서 찾아 안전지역으로 이송하였다.

동이 틀 무렵 이미 나의 온몸은 만신창이가 되어 지쳐 가고 있을 때 또다시 진흙밭에서 학생 한 명을 발견하고 안전지역으로 이송하고 있었는데 누군가 고인에 대한 마지막 예의를 지키자고 하였다. 그렇게 우리는 아무 말 없이 바스켓에 누워 있는 고인에게 거수경례를 하였다.

펜션 앞 주차장 자동차 사이에 매몰되어 있던 두 명의 남학생, 펜션 2층에 있던 학생 등 많은 사람들을 안전하게 구조하였지만, 안타깝게 목숨을 잃은 학생들을 생각하면 너무 마음이 아프다…. 오후 늦게 모든 상황이 종료되어 사무실로 복귀하였다.

서울 우면산 산사태 등 전국적으로 많은 피해가 있었다는 사실은 사무실에 도착하여 알았다. 장시간 비를 맞고 흙더미에서 구조 활동을 하느라 그제야 나의 몸을 살펴보았다.

피부는 물에 불어 쭈글쭈글해져 있었고, 옷과 신발은 아무리 물에 헹구고 빨아도 벌건 진흙물이 빠지지 않아 그냥 쓰레기통에 버렸다. 새로 산 지 일주일도 안 된 나의 전술화는 그렇게 소명을 다하였다.

그 당시 구조 작업에 몰두하느라 몰랐지만 그 젊은이들은 인하대학교 봉사 동아리 학생들로 여름방학을 맞아 춘천으로 봉사 활동을 떠났다가 산사태로 매몰되어 10명의 학생들이 목숨을 잃었다는 것을 나중에 알았다.

그날 현장에서 맨손으로 진흙을 파내고 같이 구조 활동에 임한 구조대원 및 직원들에게 다시 한번 감사하다는 말을 전하면서, 2011년 7월 3년 차 소방관인 나에게는 그날의 눈물들은 절대 잊히지 않는 현장으로 기억될 것이다.

〈산모와 신생아를 살린 춘천 소방서 유종수 구급대원의 증언〉

"구급 출동! 구급 출동!"

2021년 9월 17일 새벽 시간 고속도로에서 산모가 출산이 임박했다는 신고가 들려왔다.

처음 출동 지령을 들었을 때는 산모가 초산이기에 가진통이 시작되어 신고를 했으며, 산부인과로 인한 이송을 원하는 지령으로 생각했다.

그러나 추가 지령서에 '16일 10시 30분경 양수가 터진 상태'라는 지령이 나오게 되어 아이가 곧 출산할 것이며, 호흡에도 문제가 있을 것이라 판단이 되었다.

신고 지점으로 가면서 종합상황실, 구급팀, 신고자 3자 통화를 하면서 갔으며, 현재 산모의 상태, 과거 병력, 출산력 등 산부인과에 대한 질문을 하면서 진행하였다.

하지만 주변의 소음, 신고자의 흥분한 상태 등으로 명확하게 파악이 되지는 않았다. 확인된 정보로는 '경산부', '양수가 터져 있는 상태', '아이가 나올 것 같다', '머리가 보이기 시작한다' 그 뒤로 신고자의 비명과 함께 더 이상 통화를 할 수 없었다.

나는 그 통화 뒤로 '아이를 출산했다'라는 말에 그저 신생아 처치를 해야겠다는 생각 하나로 멸균 패드, 보온 조치, 기도 확보 등 장비를 챙기는 데 바빴다. 이때 경험이 있었더라면 구급 동료들에게도 상황 공유와 앞으로 처치를 위한 팀워크 지시를 했었겠지만, 처음 겪는 상황에 '임용이 된 지 얼마 안 된 내가 잘할 수 있을까?'라는 패닉도 왔었고 무엇보다도 경험이 적다 보니 여유가 없어, 팀원들에게 많은 공유를 못 했던 게 참 아쉬운 거 같다.

시간이 지난 지금도 현장에 도착하여 구급차 문을 여는 장면이 생생하게 기억이 나는 거 같다. 도착하기 전 오만 가지의 불안과 걱정에 휩싸였지만 다행히도 문을 열고 내리는 순간 환자를 구해야겠다는 생각밖에 없었다.

산모는 승용차 조수석에 시트를 젖혀 누워 있는 상태였고, 산모의 배 위에 신생아가 엎드려 있었다. 신생아 얼굴 주변과 산모의 배 위에 태변이 묻어 있었으며, 신생아는 축 늘어진 채 울음, 찡그림, 움직임 등 반응이 없는 채로 창백하게 엎드려 있었다.

신생아 응급처치를 위해 첫 번째로 보온 조치를 시행한 후, 신생아용 흡인기로 약 5회 정도 흡인하였을 때, 아이가 찡그리는 모습을 보였지만 울음을 터트리지는 않았었다.

지속적인 흡인 조치와 인공호흡을 진행하던 중 조수석 대시보드에 가족사진이 보였다. 신고자로 보이는 남성과 산모로 보이는 여성 그리고 남자아이가 두 명이 있었다.

여기서 내가 신생아를 살리면 새로운 가족사진이 나오는 것이고 살리지 못한다면 가족사진이 변경되지 못한다는 생각이 뇌리를 스쳤다. 그리고 더욱더 동기부여를 받아 이 가족들에게 가족사진을 새로 찍어 주겠다는 생각이 강하게 들었다.

여러 차례 진행 도중 신생아가 첫 울음을 터트리게 되었다. 이때 만감이 교차하였지만, 안심할 수 없었다. 신생아의 울음소리가 건강한 신생아의 울음소리와 비교하면 매우 약한 정도이며, 창백한 피부가 그것을 증명하고 있었기 때문이다.

　의료 지도 요청을 통해 나의 자격과 현재 신생아 및 산모의 상황을 설명한 뒤 지도 의사의 의료 지도를 수행하였다. 추가적인 전문 처치를 받은 뒤 아이의 혈색이 돌기 시작하였고 나와 눈을 마주치게 되었다.
　이때 새 생명이 우리 구급팀에 의해 살아났다는 전율이 아이의 혈색이 돌듯 느껴졌다. 승용차 내에서 행할 수 있는 응급처치를 시행한 뒤, 구급차로 산모와 신생아 모두 안전하게 옮기기 시작하였다.
　구급차로 이송할 때 우리는 두 명의 환자를 처치하면서 이송하여야 했다. 저체온, 저산소증의 신생아 응급처치와 출혈과 탈진 증상을 보이는 산모 응급처치였다. 같이 탑승한 구급팀원에게 신생아 체온 감시와 인공호흡을 지속적으로 요청하였으며, 나는 산모 응급처치에 들어갔다. 산모는 탈진 상태로 산소 공급을 해 주었으며, 출혈로 인한 수축기혈압이 90대로 나왔다. 의료 지도 요청 시 지도하였던 처치를 통해 산모에게 정맥로 확보를 한 뒤 수액을 투여하여 혈압을 올리는 처치를 하였다.
　이송을 시작한 뒤 5~10분 정도 지났을 무렵 산모가 태반이 나왔다는 손짓을 보였다. 태반을 깨끗한 비닐에 조심스럽게 담은 뒤, 신생아와 산모를 지속적으로 관찰하면서 대학병원으로 이송하였다.
　병원에 도착하였을 때 간호사들이 밖에 나와 신생아를 먼저 받아 인큐베이터에 넣고, 산모는 중증 환자 구역으로 이동하였다.
　대학병원 간호사에게 신고, 현장 도착 시 상태, 전문술기 내역 등을 모두 인계하고 정리를 하던 중 산모의 정확한 인적 사항을 파악하지 못하여 중증 환자 구역으로 다시 갔을 때 처음 제대로 신고자의 얼굴을 보며 이야기를 했었던 거 같다.

구급차 내부를 병원에서 1차 소독 및 정리를 한 뒤 팀원들과 이런 저런 이야기를 하면서 센터로 귀소하였다.

지금 당시 돌이켜 보면 우리 팀원들이 2급 응급구조사이지만 그간 소방 경험을 통해 내가 놓쳤던 고속도로라는 위험한 상황에서는 현장 안전 확보, 병원 사전 연락, 환자 안위 도모, 병원 이송 간 최단 경로 안전 운행 등 어느 한 가지라도 팀워크가 맞지 않았더라면 신생아의 생명은 어떻게 될지 아무도 몰랐을 것 같다.

소방 선배님들이 다들 이런 이야기를 하신다.

"처음 임용되어 발령받은 센터가 가장 기억에 남을 거야."

그 말에 나도 동의하며 처음 발령받은 센터는 시간이 지나도 기억에 남을 것 같다.

그러나 나는 거기서 한 가지 더 추가하여 내가 임용되어 처음 팀을 하면서, 소방 생활, 문서 기안, 구급 업무 전반적인 내용을 교육해 주었던 강민호, 이대한 반장님은 절대 잊을 수 없을 고마운 팀원이자 선배님으로 생각될 것이다.

소방 간부(소방위/6급) 승진 시험 도전과
본부(상급 부서) 발탁

소방 간부라고 부를 수 있는 계급은 소방위(6급)부터다. 먼저 독자들의 알 권리를 위해 소방 계급 체계를 경찰·일반직과 비교해서 설명해 본다. 소방공무원은 총 11계급으로 이루어져 있다.

소방사(순경/9급), 소방교(경장/8급), 소방장(경사/7급), 소방위(경위/6급), 소방경(경감/6급), 소방령(경정/5급), 소방정(총경/4급), 소방준감(경무관/3급), 소방감(치안감/2급), 소방정감(치안정감/1급), 소방총감(치안총감/차관급) 순이다.

소방공무원 승진 방법은 계급별로 심사 승진, 시험 승진, 근속 승진, 특별 승진 등이 있다. 그중 가장 대표적인 것이 시험 승진이다.

지금으로부터 19년 전 일이다. 2001년도 소방위 승진 시험이 있었다. 근무와 병행하면서 나름 열심히 공부했다. 그러나 낙방, 2002년도 재도전하였으나 또 낙방, 실망이 컸다. "내 실력이 이것밖에 안 되나." 자책도 많이 했다.

승진을 안 해도 호봉이 올라가니까 밥은 먹고 살 수는 있는데 포기를 할까 말까 한동안 고민하다가 3수 도전하기로 결심했다. 왜? 아내와 아들에게 실망스러운 남편(아빠)의 모습을 보여 주기 싫었기 때문이다.

드디어 2003년도 강원도 소방위 승진 시험 선발 인원 8명 중에 내가 포함되었다. 3수 도전 만에 이루어진 쾌거다. 소방위 승진 시험 일자는 법으로 정해져 있다.

매년 9월 첫째 주 휴일이다. 이때는 여름휴가가 한창인 시기다. 3년 동안 가족들과 휴가도 함께 못 보내고 스트레스 받으며 승진 시험에 매달려 온 결과이다.

당시 합격 소식을 듣고 솔직한 심정으로 "고등학교 때 승진 시험 공부하는 것처럼만 열심히 했었으면 SKY는 아니더라도 In Seoul은 할 수 있지 않았을까."라는 후회를 잠깐 해 본 적이 있었다.

소방위 승진 시험 합격 후 2003년 11월 17일 자로 강원 태백 소방서에서 영월 소방서로 발령이 났다. 구조구급 계장의 보직을 받았다. 나의 주거지는 태백이고 새로 발령받은 영월까지는 1시간 거리였다.

처음에는 출퇴근을 했었는데 힘이 들어서 소속 관서인 영월 소방서 독신자 숙소에서 거주하기로 결심했다. 말 그대로 주말부부가 될 것이다.

이제 소방 간부로서 소방 조직의 발전과 나 개인의 성장을 위해 노력하겠다고 다짐을 하며 열심히 근무하고 있었다. 2005년 9월 강원도 소방본부로부터 정기 인사이동 계획이 직속 기관인 소방서로 문서로 시달됐다.

어느 날 영월에 비가 많이 왔다. 서장님께서 강(하천)에 물이 범람하지 않을까 걱정하시면서 순찰을 나가시자고 하셨다. 그렇게 서장님을 모시고 순찰을 다니다가 서장님께서 "이봐, 주 계장! 본부에서 희망 근무 부서 신청하라고 문서가 내려왔는데, 어디로 썼나?"라고 묻기에 "네. 서장님! 태백으로 썼습니다." 했더니, 서장님께서 "이 사람이 정신이 있는 거야, 없는 거야. 시기와 때가 있는 거야."라고 하셨다. 상급 부서인 소방본부로 근무 신청을 해 보라는 것이었다. 서장님께서 한 번도 아니고 세 번을 말씀하셨다. 삼고초려(三顧草廬)!

세 번에 걸친 서장님의 조언을 귀담아 듣고 퇴근 후 독신자 숙소에서 저녁 식사로 김치찌개를 끓여 반주로 소주 한 병을 마시고 고향인 태백에 있는 아내에게 전화를 걸었다.

"여보! 소방본부에서 연고지 및 희망 근무 부서 신청 계획이 내려왔는데, 우리 한번 춘천 가서 살아 볼까?" 했더니, 아내가 "여보! 뭘 망설이는 거야. 갑시다."라고 했다.

그리하여 정들었던 고향을 떠난다는 것이 쉽지는 않았지만, 아내의 "갑시다." 하는 거침없는 말에 힘을 얻어 상급 부서인 소방본부에 근무 신청을 해서 발탁이 되어 2005년 9월 13일 자로 인사 발령이 났다. 방호구조과 구급 주임의 보직을 받았다.

그렇게 본부에 근무하며 성장의 길로 들어서게 된다. 당시 "시기와 때가 있는 거야."라고 조언해 주신 박창진 영월 소방서장님께 감사를 드린다.

현장 최고 지휘관인 소방서장(4급)까지의
승진 과정

 강원도 소방본부는 강원도청에 소재하고 있으며 18개 시·군의 소방서를 관할하는 최고 상급 부서다. 새로운 부서에서 사무분장을 받고 업무를 시작했다.
 매년 9월이면 국정감사가 시작된다. 그래서 중앙부처(소방청)로부터 감사 자료 제출 요구가 많다. 내가 발령받은 시기도 9월이어서 업무가 다 파악이 안 된 상태에서 자료 제출 요구가 상당히 많았다. 밤을 새워 가며 일했다.
 휴일도 반납한 채 초과 근무는 지속되었고 육체적·정신적으로 만성피로와 스트레스에 노출되어 몰골이 말이 아니었다. 발령받고 처음에는 원룸을 얻어 혼자 월세 내며 살았다.

아내와 아들은 3시간이나 걸리는 태백에서 생활하고 있었다. 주말이면 아내와 아들을 보러 가야 되는데 거리도 멀고 업무량도 많아서 가지는 못하고 전화로만 안부를 묻곤 했다.

그렇게 3개월 동안 근무를 하다 보니 "내가 뭔 부귀영화를 누리고자 가족의 품을 떠나 몸이 망가져 가면서까지 이 일을 해야 하는지." 자책이 들었다. 그만두고 다시 고향인 태백으로 보내 달라고 할까도 생각해 보았다. "아니지, 아니야! 그것도 못 참고 어떻게 더 성장할 수 있겠어."라며 혼잣말로 수십 번 주문을 걸며 마음을 달랬다.

이후 3개월이 지난 2005년 12월쯤 춘천으로 거주지를 옮기며 아내, 아들과 합가(合家)를 했다. 그동안 모은 돈이 없어 집 구하기가 쉽지 않았다.

다행히 16평 공무원 임대 아파트가 있어서 신청하여 들어갈 수 있었다. 1,600만 원이 태백에서 춘천으로 올 때 가지고 온 전 재산이었다.

이제 아내가 해 주는 집밥을 먹을 수 있었다. 점차 안정이 되어 가나 싶었는데 나는 일복이 많은지 일에 묻혀 살았다. 업무량이 많을 때는 야근하느라 늦게 귀가하고, 일이 한가한 적은 별로 없지만 조금의 여유가 있을 때에는 동료들과 술 마시느라 늦게 귀가하는 생활이 반복되었다.

말 그대로 집은 하숙집이었다.

당시 초등학생 아들의 성장하는 모습을 잘 보지 못했다. 술 마시고 늦게 귀가할 때면 아내와 자주 싸웠다. 아내는 "뭔 술을 그렇게 많이 마시냐."라고 핀잔을 줬다. 그러면 나는 "조직에서 사람 관계를 잘하려면 어쩔 수 없이 술을 마셔야 된다."라고 항변했다.

아내는 남편 몸 상할까 봐 술 많이 마시지 말라고 하는데 그것도 모르는 나는 한심한 놈이었다. 아내와 다툴 때마다 술 많이 안 마신다고 다짐을 하며 미안하다는 말을 수백 번 한 것 같다.

다른 사람 같으면 벌써 이혼하자고 했을 텐데 인내하는 아내가 정말 고맙고 미안했다는 말을 이 글에 남기고 싶다.

시간이 흘러 2008년 7월 7일 소방경(6급) 승진을 하게 됐다. 본부에 발탁된 지 2년 10개월 만이었다. 구급 주임으로 근무하면서 너무 힘들어 일선 현장으로 보내 달라고 인사 계장에게 이야기를 했다.

그런데 인사 계장께서 바로 옆 부서인 소방행정과 기획업무를 맡아 일해 보는 게 어떻겠느냐고 말하셨다. 나는 제발 내려 보내 달라고 항변해 보았으나 이후 두 번 더 말씀을 하시기에 삼고초려(三顧草廬), 더 이상 할 말이 없었다.

"네. 알겠습니다. 기획업무를 잘 못하지만 열심히 해 보겠습니다."

그렇게 또 새로운 부서에서의 적응을 위해 피나는 노력을 했다. 내가 능력자도 아니었는데 굳이 왜 나를 그 중요한 기획업무 자리에 발탁했을까? 생각해 보면 나의 성실한 모습을 지켜보았던 것 같다. 일은 배우면 되니까.

나의 주 임무는 강원도 및 강원도의회 등 지휘부에 보고하는 업무 보고서 작성이었다. 처음 업무를 맡고 첫 보고서부터 소방본부장님에게 지적을 받았다.

나는 속이 상했다. 지적받고 좋아할 사람은 없을 것이다. 벤치마킹하기 위해 책으로 나온 김대중 대통령 보고서를 구매해서 독파를 했다. 도움이 되었으나 그래도 많이 부족했다.

어느 날 퇴근 시간 무렵 소방본부장님께서 술 마시러 가자고 해서 인사 계장님과 함께 시중 음식점으로 갔다.

식사와 반주를 하는 자리에서 본부장님이 "주 담당, 기획 보고서 쓰는 능력이 아직 30% 정도밖에 안 되는 것 같은데."라고 하시는데, 나의 감정선(感情線)을 건드리는 것 같아 쥐구멍으로 들어가고 싶은 심정이었다.

그리고 나서 당신의 이야기를 해 주셨다. 당신께서는 소방국(현 소방청)에 근무할 때 대통령 보고서를 만들었다고 하셨다.

나와 같이 당신도 맨땅에 헤딩하면서 보고서 만드는 방법을 터득했다고 하셨다. 선배들에게 많이 혼나면서 터득한 것 한 가지를 말씀해 주셨다.

주간에 동료들과 함께 있는 사무실 컴퓨터 앞에 앉아 기획 보고서를 만들 때에는 집중이 안 된다고 했다. 왜? 전화벨 소리, 직원들 잡담 등으로 인해 몰입을 할 수 없기 때문이다.

하여 방법은 주간에는 미완성 보고서를 인쇄해서 화장실로 간다. 화장실은 나 혼자만의 공간이기 때문에 보고서에 무슨 단어를 넣어야 되는지 생각이 난다는 것이다.

또는 직원들 모두 퇴근한 다음 조용한 사무실에서 나 홀로 보고서를 만드는 것이다. 이것은 주위의 모든 잡념과 방해물을 차단하고 내가 원하는 한 곳에 모든 정신을 집중하는 일, 바로 몰입의 효과가 아닌가 생각한다.

그 이후에도 본부장님께서 두 번 더 술자리에서 "주 담당! 이제 기획 능력 50~90%까지 왔어."라고 말씀하셨다. 날아갈 것 같은 심정이었다. 강원소방의 최고 지휘관이 "나의 능력을 인정해 주는구나."라고 생각하니 못 할 게 없다 싶었다. 어떤 어려움도 극복해 나갈 수 있는 자신감이 생겼다.

"성공과 기회는 노력하는 자에게 온다."라는 말이 있다. 때는 2009년 9월 1일, 당시 인사 담당자가 승진(소방령)해서 타 부서로 전출 갔다. 이후 내가 공석인 인사 담당자로 발령이 났다. 조선시대 이조전랑(吏曹銓郎)의 위치인 것이다.

'이조전랑'은 조선시대 6조 중 하나인 이조의 관직 이름으로 정5품 정랑과 정6품 좌랑을 합쳐 부른 말이다. 품계는 낮았지만 각 부서의 당하관의 천거, 언론 기관인 삼사의 관리 임명, 재야인사의 추천, 후임 전랑의 지명권 등을 가지고 있어 권한이 매우 강했다. 성실하게 근무해 온 덕에 인사 담당자로 발탁이 되지 않았나 싶다.

강원소방 조직과 1,870명의 인력을 관리하는 자리에 오면서 책임이 더 무거워졌다. 그 어느 자리보다 더 청렴이 요구되는 자리였다.

"인사(人事)가 만사(萬事)다."라는 말이 있듯이, 사람의 일이 곧 모든 일이라는 의미로 알맞은 인재를 적재적소에 잘 써야 모든 일이 잘 풀린다고 한다.

2년 11개월 동안 인사 업무를 보면서 소방관서를 신설하는 등 조직 확대와 376명의 소방 인력을 증원하는 데 앞장서 왔다.

그중에서 자부심이 강했던 사례 한 가지만 소개하면 우리 소방관들은 2009년까지는 24시간 격일제 근무 환경 속에서 복지의 사각지대에 놓여 있었다.

다행히 2010년도 3교대 근무를 위한 소방 인력 300여 명 증원이 행정안전부로부터 확정이 되었다.

그런데 우리 강원도 관련 부서에서는 200여 명의 인력밖에 증원해 줄 수가 없다고 했다. 어찌해야 하나. 관련 부서 담당자와 담판을 해서 307명 모두 증원했다.

이때부터 우리 강원소방은 전면 3교대 체제로 개선이 되어 좀 더 나은 환경에서 근무할 수 있었다.

2012년 7월 23일 족보에도 기록될 수 있는 계급, 소방령(5급 사무관)으로 승진을 하게 된다. 인사 담당자로 근무하면서 나름 공정하게 한다고는 했지만 혹여 직원 개개인에게는 불이익이 돌아갈 수도 있지 않았을까 하는 미안한 마음을 가져 본다.

인사하면서 밤을 새워 본 적도 여러 번 있었다. 당시는 힘들었지만 지금은 추억의 한 시기가 아니었나 기억된다.

소방령 승진과 함께 횡성 소방서 방호구조 과장 보직을 받고 재난 현장 업무에 전력을 다하였다. 1년 후 소방본부 전입을 위한 역량 평가 시험이 있었다. 2013년 8월 9일 시험에 응시, 합격을 하여 소방본부 종합상황실 상황분석 담당으로 보직을 받았다.

이후 기획예산 담당을 거쳐 소방행정 담당 발령을 받았다. 소방 조직과 인사를 담당하는 중요 보직인 것이다. 1년 8개월 동안 인사 업무를 보면서 주변 동료들로 부터 많은 시기와 질투를 받았다. 인내하며 맞대응하지 않았다. 스스로 지치게…. 또 나의 좌우명이 "해불양수(海不讓水)"가 아니던가.

가슴 아픈 시기가 또 한 번 찾아왔다. 2016년 소방정(4급) 승진 대상자 명단에 진입을 했다. 두 명을 선발하는데 대상자 8명 중 내가 근무 성적 2위였음에도 1위와 3위가 선발됐다. 심사가 확정되고 명단이 배포되었다.

나는 출장 나갔다가 누가 선발됐는지 모른 채 사무실에 들어왔다. 우리 인사계 차석이 자초지종을 설명했다. 주변 직원들도 다들 의아해했다.

나는 속이 상하지만 누구를 탓하랴. 내가 부족한 탓이겠지. 심사 위원들의 고유 권한인 걸. 당시 표정 관리 하느라고 엄청 힘들었다. 또 아픈 마음을 삭이며 1년이 지나갔다.

2017년 9월 ○○○ 삼척 소방서장님이 퇴직하시면서 한 자리가 생겼다. 소방정 선발 인원 한 명으로 이변 없이 근무 성적 1위인 내가 심사 승진으로 확정이 되어 9월 16일 자로 삼척 소방서장에 부임하게 되었다.

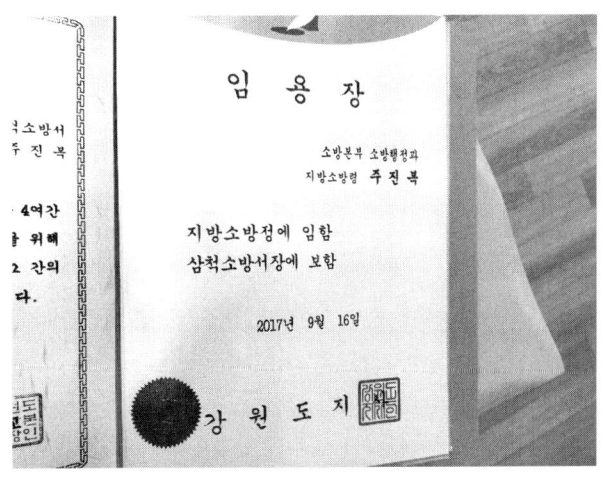

삼척에 근무하면서 겪은 대형 재난과 에피소드 그리고 직원과의 소통 이야기 한 가지만 이야기하겠다.

강원도 삼척은 바람이 많이 불어 대형 산불이 자주 발생하는 지역이다. 주중에는 관사에 거주하고 주말이 되면 가족이 있는 춘천으로 왔다가 일요일에 삼척으로 출근을 한다. 그러나 봄, 가을 건조기에는 산불 우려 때문에 관내에서 비상대기를 해야 한다.

건조기가 아닌 주말에도 가족이 있는 춘천에 한 번씩 갈 때에는 산불 발생 염려 때문에 늘 조마조마하다. 재난 현장 최고 지휘관의 고민인 것이다.

2018년 2월 11일 삼척시 노곡면 하마읍리와 도계읍 황조리에서 동시에 대형 산불이 발생하여 대응을 한 사례가 있다. 5일 동안 집에 못 들어가고 밤새워 현장 지휘를 했다. 당시 도계읍 황조리 산불은 높이 1,224m의 육백산으로 올라붙을 기세였다.

나는 김태훈 삼척시 부시장과 함께 임도를 따라 올라온 소방펌프차와 산물진화차를 현장 지휘하였다. 아울러 일몰 시간이 다 되어 가고 바람이 많이 불어 산림청 헬기의 주불 진화가 원활하지 않았다.

그럼에도 불구하고 현장에서 무전과 모자를 활용한 수신호로 화점 위치를 헬기 조종사에게 정확하게 알려 주어 다행히 육백산으로의 연소 확대를 저지하였다.

산불이 육백산으로 확대되면 엄청난 피해가 예상이 되었으나 산불 전문 진화대와 삼척 소방서 직원 여러분의 헌신적인 노력에 힘입어 아름다운 강산을 지킬 수 있었다.

또, 2018년 6월 삼척시 의용소방대 기술경연대회에서의 일이다.

나는 대원들 장기 자랑 시간에 무대에 붙들려 나가 머리에 응원 소품을 뒤집어쓰고 춤을 추게 되는 사건이 있었다.

그런데 대원들 중 한 분이 사진을 찍어서 아무 의도 없이 SNS에 올린 것이다. 한참 후에 소방본부장께서 SNS를 본 것이다. 기관장이라는 사람이 숙연해야 하는 6월 보훈의 달에 의용소방대원들과 춤을 춰서 되겠느냐고 호통을 치셨다고 전화가 왔다.

일단 조치를 해야 하니까 사진 찍은 대원을 찾아서 SNS에 올린 사진을 내리게 하였다. 이후 혼잣말로 "큰 잘못은 아닌 것 같은데 역지사지라고 소방본부장님 입장에서 보면 그럴 수도 있겠구나." 하는 생각이 들었다.

그리고 삼척 소방서에서 직원과의 소통은 주로 라이딩이었다. 직장 내 동호회에 가입하여 주말을 이용해 동해안 바닷가를 따라 라이딩을 하며 소통을 이어 갔다. 기억에 남는 라이딩 하나 소개하겠다.

때는 2018년 10월 21일로, 동료 직원 세 명과 함께 삼척 소방서를 출발하여 삼척 근덕면 동막리를 거쳐 문희재 경유, 도계읍 신리와 가곡면을 지나 원덕읍 임원리를 통과하여 바닷가를 따라 삼척 시내로 들어왔다.

자그마치 120km, 휴식 시간을 제외하고 8시간 동안 세 명의 직장 동료와 함께 자전거 페달을 밟았다. 발바닥은 후끈후끈, 엉덩이는 짓무르기 일보 직전이었다.

이날의 자전거 라이딩은 생애 처음으로, 말로만 듣던 100km를 넘게 탔으며, 라이딩 내내 힘들까 봐 라이딩 고수 동료 직원들이 앞서거니 뒤서거니 하면서 나를 끌어 줬다. 끈끈한 동료애로 라이딩에 함께해 준 직원 여러분께 이 글을 쓰면서 감사를 드린다.

2019년 7월 1일 인사 발령이 났다. 1년 10개월간의 삼척 생활을 마치고 가족이 있는 춘천으로 귀향하며 강원도 소방본부 방호구조과장 보직을 맡게 됐다.

4개월 정도 근무하다가 2019년 11월 15일 앞서 이야기한 뇌출혈 사고로 서울 강북삼성병원에서 수술을 받고 치료와 재활을 거쳐 2020년 1월 13일 자로 사무실로 복귀를 하였다. 복귀를 하였으나 완전 회복이 안 되어 힘들었지만 직원들의 응원 속에 완치가 되었다. 이 자리를 빌려 당시 방호구조과 직원들에게 고마움을 전한다.

2020년 7월 2일 강원 소방본부의 주무과장인 소방행정 과장 보직을 맡았다. 직원들과 소통하며 잘 지내 왔다. 10개월 경과 뒤 소방본부장이 직위 해제되는 내부 사건이 발생하였다.

그래서 나는 2021년 5월 7일 자로 소방본부장 직무대리 명령을 받고 7월 2일까지 2개월여 간의 기간 동안 18개 소방서와 4,000여 명의 소방 인력을 총괄 관리·감독하는 최고 수장의 역할을 해야 했다.

또한 강원도의회 기획행정위원회와 본회의장에서 예산·결산 업무 보고와 질의 답변 등 본부장의 역할을 대리했다.

내가 과연 어수선한 강원소방 조직 분위기를 일소(一掃)하고 소방본부장 직무대리를 잘 해낼 수 있을까 걱정을 많이 했는데, 다행히 신임 소방본부장이 오기 전까지 무리 없이 잘 해냈다.

6

죽음을 경험하면서 느낀 삶의 방향

공직 생활 마지막 근무처인 줄 알았는데…

2022년 1월 4일 정년퇴직 2년을 앞두고 춘천 소방서장으로 부임했다. 코로나19로 거리두기와 마스크 의무 착용 등 대면 접촉이 어려운 시기였다. 취임식은 생략하고 간부 공무원과 간담회 형식으로 춘천 소방서에서의 첫 근무가 시작되었다.

어느 한 조직이 발전하고 성장할 수 있는 모토는 최고 지휘관의 마인드에 달려 있다. 소방은 계급을 달고 있는 제복 공무원이다 보니까 근무 분위기가 부드러움보다는 경직되어 보인다. 나도 이와 같은 분위기 속에서 35년 동안 소방 생활을 이어 왔다. 이는 수직적 조직 문화의 한 단면인 것이다.

이제는 이 수직적인 조직 문화를 깨고 싶었다. 수평적으로도 얼마든지 소통할 수 있는데 말이다. 나는 수시로 업무 관련 글뿐만 아니라 우리 삶에 있어서 필요한 공감 글을 써서 메신저로 직원들과 소통하기 시작했다.

그러나 부임 이후 3개월이나 지났건만 답장이 없었다. 물론 답을 바라고 글을 쓰는 건 아니지만 말이다. 나 홀로 소통이었다. 글을 계속 써야 되나? 아니면 여기서 그만둘까? 자괴감(自愧感)이 들었다. "아! 아니지. 아니야. 나쁜 일이 아닌데 누가 뭐래도 계속 쓰는 게 맞아."라며 마음을 가다듬었다.

그렇게 매월 2~3개의 글을 써서 직원들에게 보내다 보니 5개월쯤 지났을까 답장이 오기 시작했다. 신참 직원뿐만 아니라 고참 직원에게서도 피드백이 왔다.

"하나님! 감사합니다."

종교를 믿지 않지만 하나님 소리가 절로 났다.

> 보낸 사람: ○○ 119 안전센터. ○○○
>
> 받는 사람: 주진복
>
> 보낸 날짜: 2022-06-29 오후 5:13:29
>
> 받은 날짜: 2022-06-29 오후 5:13:30
>
> 안녕하세요… 서장님.
>
> 직원분들과 소통하려고 노력하시는 서장님,
>
> 언제나 공감 메일 잘 보고 있습니다.
>
> 서장님처럼 이렇게 소통 메일을 보내 주시는 분이 없으셔서 약간은 다들 쑥쓰러워해서 그렇지, 아마도 많은 직원 분들도 공감 메일을 잘 보고 있을 거라고 생각됩니다.
>
> 잠시나마, 좋은 글을 보며 좋은 생각을 하며, 좋은 하루를 보낼 수 있어서 감사드립니다.
>
> 서장님도 좋은 하루 되셨으면 좋겠습니다. ^^

우리 직장은 MZ세대가 68% 정도 된다. 그들과 소통하기 위해서는 아빠 세대의 꼰대 문화를 바꿔야 한다. 특히 회식 문화를 바꿔야 한다. 기존의 회식 문화는 건배 제의가 만연하였다.

나도 과거 선배들이 건배를 시킬까 봐 회식 나가기 전에 인터넷 검색해서 건배사 두 개 정도는 항상 외웠던 기억이 있다. 어느 순간 꼰대 문화에 젖어 들고 있었다.

나까지 꼰대가 되고 싶지는 않았다. 그래서 가끔씩 부서별 회식에 참석했다. 회식 분위기를 보니까 기존 문화하고 똑같은 게 아닌가.

부서장이 기관장인 나에게 건배 제의를 먼저 시키고 돌아가면서 직원들 다 시키는 거였다.

"아~ 이게 아닌데."

어느 날 119 구조대 회식에 참석해 제안을 했다.

"앞으로 회식할 때에는 부서장 그리고 팀장 중 한 명만 건배하고 직원들은 본인이 좋아하는 관심사에 대해서 이야기하면서 상호 간 피드백해 주는 걸로 하면 어떨까요?"

직원 반응이 굉장히 뜨거웠다. 직원 여러분이 돌아가면서 관심사를 이야기하자, 119 구조대 김용원 팀장이 "맨날 나와 함께 현장 활동 하는 직원이 저런 관심사를 갖고 있는지는 꿈에도 몰랐습니다."라며 서장님께서 너무 좋은 제안을 해 주셔서 고맙다고 했다.

그래, 이게 바로 소통이구나! 하는 걸 절실히 느꼈다. 회식 자리는 직원 상호 간에 서로 자기가 하고 싶은 이야기를 하면서 친목을 도모해야 되는데, 지금까지는 반강제의 건배사와 오너에 집중된 회식 문화 때문에 공동체가 파괴되고 개인주의가 만연하는 사회로 변모해 가지 않았나 생각해 본다.

또 한 가지 제안을 하면, 나를 포함 4~50대 우리 선배들이 MZ세대와 소통할 수 있는 유일한 방법은 "솔선수범(率先垂範)"이다. 국어사전을 찾아보았다.

솔선수범의 정의는 "남보다 앞장서서 행동하고 몸소 다른 사람의 본보기가 됨."이라고 되어 있다.

사례 하나를 소개한다. 월남전이 한창 치열하게 벌어지고 있던 중,

정찰을 나갔던 미군 병사 한 명이 지뢰를 밟아 한쪽 다리를 잃었다.

부상당한 병사는 절단된 다리를 움켜잡고 절규하면서 "Help me (살려 주세요)!"를 외치며 애원했다.

주변에 많은 병사들이 있었지만 누구 하나 나서지 않았다. 왜냐하면 사방이 온통 지뢰밭이었기 때문이었다.

그때 뒤에서 누군가 걸어 나왔다. 그 부대 최고 책임자인 대대장이었다. 그는 절규하고 있는 병사를 향해 1초의 망설임도 없이 뚜벅뚜벅 지뢰밭으로 걸어 들어갔다.

그리고 부상당한 병사를 등에 업고 안전하게 탈출했다. 병사들은 뒤에 숨어서 대대장의 모든 행동을 지켜보고 있었다.

이 사건 이후 그 대대장은 미국 육군의 전설이 되었다. 자신의 목숨을 아끼지 않고 지뢰밭에 들어가 부하를 구출하는 그의 솔선수범하는 모습을 보면서 그를 존경했고 그에게 충성을 다했다. 그 대대장이 훗날 걸프 전쟁의 영웅이 된 노만 슈와츠코프 장군이다.

직장 내 자유 게시판에서 한 글귀가 눈에 들어온 적이 있었다.

"재난 현장에서 내가 살아남으려면 유능한 지휘관을 만나는 것이다."

가슴속 깊이 새기고 있는 구절이며, 내가 과연 지휘관 역할을 제대로 하고 있는지 늘 고민하고 반성하면서 마음을 다잡아 나간다.

새로 부임한 국토의 정중앙 양구 소방서에서….

공무원 조직의 직장 교육 틀을 깨다

　직장 교육의 정의를 찾아봤다. 네이버 지식백과에 의하면 "직장의 목표를 효과적으로 달성하기 위하여 관련 종사자에게 실시하는 교육과 훈련"이다.
　또 직장 교육은 직장의 성격에 따라 정부 기관에서 실시하는 공무원 교육과 기업체가 실시하는 사업 내 훈련으로 크게 나눌 수가 있다.
　우리 소방 조직 같은 경우에는 크게 소방학교에서 실시하는 계급별 기본 교육과 전문 교육 그리고 정신 교육 등으로 나누어 볼 수 있다.
　소방서 단위의 개별 직장 내에서는 매년 정기 및 수시로 소관 업무에 대한 이해도 교육이 이론과 훈련을 병행해서 이루어진다. 또한 공직 기강 확립 교육이 빠지지 않는다.

성희롱 예방, 청렴 실천, 음주 운전 근절 등이 주요 내용이다. 공직 사회 교육은 인생을 어떻게 살아야 하는지, 즉 삶에 대한 교육이 거의 전무하다.

그래서 이러한 틀을 깨 보고자 지난 해 2회에 걸쳐 저명인사를 초빙해서 특강을 실시했다.

저명인사 특강에 앞서 저자가 강의를 먼저 해서 직장 교육의 분위기를 띄웠다.

2022년 4월 22일 존 리, 전 메리츠자산운용 대표를 오프라인으로 초빙하여 "금융 문맹 탈출"이라는 주제로 직원들에게 특강을 실시해 호평을 받았다.

 또 같은 해 10월 21일은 유튜버이자 MKYU 대표인 김미경 강사를 온라인으로 모셔서 "재난 현장에서 트라우마에 시달리는 소방관의 마음 치유 및 상하 계급 간 소통과 이해"라는 주제로 직원들에게 특강을 실시하여 많은 박수를 받았다.

 처음에 두 분의 강사님을 섭외할 수 있을까 많이 망설였다. 왜? 강사료가 워낙 고가이기 때문이다. 당연히 그만한 가치를 하시는 분들이지만, 우리 공무원 사회에서 초빙하기에는 엄두가 안 나는 분들이다. 공무원 조직의 강사료는 법에 정해져 있는 소액이다.

그럼에도 불구하고, 안 되는 게 어디 있겠는가. 존 리 전 메리츠자산운용 대표님께서는 전국을 다니면서 강의하시는 분이어서 기꺼이 응해 주셨다.

김미경 강사님께서도 재능 기부로 강의를 해 주신 정말 고마우신 분이시다. 김미경 강사님을 섭외하는 과정에 대해서 소개를 하겠다.

처음에는 김미경 강사님께 어떻게 연락할까? 고민이 됐다. 전화번호도 없고, 이메일도 없었다. 그래서 블로그를 하신다는 것을 알고 검색에 들어갔다. 블로그 안부 게시판에 "존경하는 김미경 강사님께 올리는 글"이라는 제목으로 A4용지 3장 분량의 글을 써서 올렸다.

〈존경하는 김미경 강사님께 올리는 글〉

안녕하십니까? 저는 강원도 춘천 시민의 안전을 책임지고 있는 춘천 소방서장 주진복입니다. 초면에 김미경 강사님의 블로그 안부 게시판(8.3. 16:30)을 통해서 인사 올리게 된 점 송구스럽게 생각합니다.

저는 올해로 소방관 생활 34년 차로 퇴직을 2년여 앞둔 시점에서 직원들에게 고귀하고 소중한 선물 하나 남기고 직장 생활을 마무리하려고 합니다.

하여, 존경하는 김미경 강사님께 도움을 요청드리게 되었습니다. 존경하는 강사님께서는 대한민국의 수많은 워킹 맘의 공감을 얻으시고 멘토가 되어 주시는 롤 모델이시며, 아울러 삶에 지친 우리 국민들에게 희망과 용기를 북돋아 주시는 분으로 알고 있습니다.

유튜브, TV 등 각종 매체를 통해서 강사님의 활동상을 많이 보고 있습니다. 특히 강사님께서 강의하실 때 지으시는 미소와 호탕한 웃음에 저를 비롯한 청중들께서는 강사님의 강의에 홀린 듯 빨려 들어가 집중을 하게 되는 것 같습니다.

제가 직접 강사님께 강의 요청을 호소하는 이유는 국민들에 대한 직업 신뢰도가 1위여서 그런지 모르겠습니다만, 소방관이 겉으로 보기에는 아주 멋있어 보여도 그 이면에 아픔이 많기 때문입니다.

소방관은 화재와 각종 재난, 재해로부터 국민의 생명과 재산을 보호하는 사명감을 갖고 있습니다. 때문에 가장 위험한 상황에 먼저 뛰어들어(first in), 최후까지 견디다가 마지막으로 탈출(last out)하게 되는데, 전국적으로 최근 10년간 화재, 구조, 구급 등 재난 현장에서 49명의 소방관이 순직을 하였습니다. 저희 강원도도 8명이나 순직했습니다.

특히 소방 활동 중 참혹한 광경을 목격하는 경우와 가정사 등 개인적 요인으로 인해 우울증 등 외상 후 스트레스를 겪는 경우가 너무나 많습니다.

결국은 이를 견디다 못해 자살로 이어지는 사고가 전국적으로 최근 10년간 60명이 발생하였고 저희 강원도는 9명이 극단적 선택을 하였습니다.

이에 대한 대책으로 소방청과 강원도 그리고 저희 소방서 자체적으로도 찾아가는 심리상담실과 동료상담사 제도 운영 등 다양한 마음 건강 프로그램을 진행하고 있기는 하지만, 그에 앞서 더 중요한 것이 조직 사회에서의 소통 문제가 시급하지 않나 생각해 봅니다.

저희 소방서는 2~30대 직원이 전체 직원의 70%를 차지하고 있습니다. 어느 한 설문조사에 의하면 이들 젊은 MZ세대 직원들이 처음 취업했던 직장에서 타 직장으로 이직하는 가장 중요한 이유가 동료나 상사 직원과의 갈등이라고 합니다.

말하자면 갈등은 MZ세대와 기성세대의 불협화음에서 비롯되었다고 할 수 있습니다. 소통이 부족하고 공감대 형성에 문제가 있다는 것입니다.

두서없이 강의 요청 사유에 대해서 말씀드렸습니다만, 더 안타까운 것은 저희 소방서를 비롯한 공무원들은 공직 기강 확립 및 청렴 교육 등 법정 교육만 정기적으로 받을 뿐, 정작 필요한 소통과 공감 교육은 너무나 부족합니다. 그래서 그런지 직장 사회가 너무 경직되어 있는 게 아닌가 생각을 해 봅니다.

예산이 허락하지 않아서 김미경 강사님처럼 저명한 강사님을 모실 수가 없습니다. 저희가 지출할 수 있는 시간당 강의료가 25만 원이며 초과 시간 12만 원 플러스해서 최대 37만 원입니다. 너무 열악합니다.

지난 4월에 우연찮게 전 메리츠자산운용 존 리 대표님을 모시고 1시간 30분 동안 특강을 진행하였습니다. 대표님께서는 적은 강의료에도 불구하시고 특강에 기꺼이 응해 주셔서 반응이 너무 좋았습니다.

강의 주제는 "금융 문맹 탈출"이었는데 직원들 후기를 들어 보면 스트레스가 확 풀렸다고 합니다.

저희 소방관들은 본인 상처는 뒤로 묻어 둔 채 공기호흡기 등 무거운 장비를 어깨에 짊어지고 화재 진압과 인명 구조 그리고 응급 환자를 병원으로 이송하는 등 타인(국민)의 상처를 먼저 돌보기 위해 오늘도 현장으로 달려갑니다.

또한 저희 소방관들은 스트레스 상황에서 하루를 맞이하고 일과를 마칩니다. 늘 심신이 피곤한 상태로 근무하다 보니 평균 수명이 58세로 타 직종에 비해 가장 짧습니다.

강사님께서 이러한 소방관의 삶과 애환을 이해하시고 살펴 주시어 저희 소방관들에게 조금이나마 힘이 되어 주셨으면 합니다.

강사님께서 허락해 주신다면 실무부서 간 정식으로 강의 요청 협의하도록 하겠습니다. 부족한 글 끝까지 읽어 주셔서 감사드립니다.

- 2022.8.8. 강원도 춘천 소방서장 주진복 올림

일주일이 지나도 안부 게시판 글을 읽어 보지 않은 것 같아서 담당 직원에게 글을 인쇄해서 MKYU 경영지원실(김미경 대표님 사무실)로 보내게 되었다. 이후 대표님께서는 이 글을 읽으시고 재능 기부 특강을 해 주셨다.

요즘 우리 사회는 세대 간 갈등이 심하다. 우리 직장만 해도 그렇다. MZ세대가 68%를 차지한다. 40대까지 포함하면 85%나 된다. 50대는 15%밖에 되지 않는다.

일명 꼰대라고 불리는 아빠 세대는 설 자리가 없다. 이와 같은 세대

간 이해와 소통을 하기 위해서는 공무원 사회의 틀에 박힌 교육을 깨야 한다.

앞으로 기성세대와 신세대가 서로 공감할 수 있는 교육 문화가 자리 잡기를 희망한다.

생(生)을 다하는 날까지 성장을 멈추지 말자

 인생 1막이 끝나 간다. 유소년기와 학창 시절을 제외하고, 정년까지 소방관 생활 36년 4개월, 참 기나긴 세월이었다. 그간 수많은 사건들이 뇌리를 스쳐 간다.
 결혼, 부모님과의 이별, 세 번의 죽음과 삶의 초연(超然)함 경험, 직장 내에서의 시기와 질투 등을 들 수가 있다. 좋았던 기억과 나빴던 기억들이 교차한다. 지나고 나면 아무것도 아닌데 말이다. 나름 타인에게 피해는 주지 않고 살아온 것 같다.
 세 번째 죽음을 맞이한 뇌 수술 이후 '인생무상(人生無常)'이라는 단어가 떠올랐다. 그래서 나의 존재 이유를 스스로에게 실문해 보기도 했다.

"나는 누구인가?"

　세상엔 정말 다양한 사람들이 존재한다. 성격도 제각각이고 관심사도 다르다. 내향적인 사람들은 주로 혼자만의 시간을 보내며 사색하기를 좋아하고 외향적인 사람들은 활동적이며 사교성이 좋다.

　또한 목표 지향적인 사람들은 자기 계발 및 업무 효율성을 중요시하며 과정 중심적인 사람들은 타인과의 관계 형성 및 정서적 교감을 중요시한다. 이렇듯 우리는 모두 다른 성향을 가지고 있으며 각자 추구하는 삶의 가치관도 다르다.

　따라서 상대방을 이해할 때 나 자신을 먼저 아는 것이 매우 중요하다. 왜냐하면 모든 인간관계 문제의 근원지는 바로 '나'이기 때문이다.

　그런데 바쁜 현대 사회 속에서 '나'라는 존재에 대해 깊이 있게 생각할 기회도 없이 하루하루를 그냥 바쁘게 살아왔다. 그렇다면 왜 우리는 자기 자신에 대해 깊게 생각하지 못하는 걸까? 또 어떻게 하면 내 안의 깊은 자아를 발견할 수 있을까?

　여기서 말하는 '나'란 신체적·정신적 모두 포함된 개념이며 또한 사회적 역할까지도 포함되어 있다. 즉 모든 상황에서 주최자로서의 의미를 갖는 것이다.

　따라서 진정한 나로 거듭나기 위해서는 남들이 만들어 놓은 기준에 맞추려 하지 말고 스스로 정한 삶의 방향성 안에서 소신껏 행동하고 묵묵히 최선을 다해 사는 것이 "나는 누구인가?"에 대한 해답이 아닐까 생각한다.

"나는 어떻게 살 것인가?"

"나는 누구인가?"에 대해서 진단을 해 보고 '나'라는 존재를 알았다. 그러면 "나는 어떻게 살 것인가?"라는 질문에는 어떻게 답할 것인가. 누구나 막막함을 느낄 것이다. 답을 찾기 위해서는 먼저 내가 원하는 삶이 무엇인지 알아야 하는데 이것조차 쉽지 않다.

기나긴 인생이라는 길 위에서 어디로 가야 할지 몰라 우리는 방황한다. 물론 그런 순간순간마다 현명한 선택을 통해 올바른 방향으로 나아갈 수도 있겠지만, 가끔은 그 잘못된 선택으로 인해 후회하는 경우도 있을 것이다.

그렇다면 우리는 이러한 상황 속에서 어떠한 태도를 가져야 할까? 만약에 자신만의 확고한 철학이 있다면 분명 위기 상황에서도 흔들리지 않고 의연하게 대처할 수 있을 텐데 말이다. 여기서 말하는 철학이란 무엇일까?

바로 나답게 사는 거다. 세상 사람 모두 각자 다른 방식으로 살아가고 있다. 그렇기에 모든 사람에게는 각기 다른 삶의 가치관이 존재한다.

하지만 대다수의 사람들은 그저 남들이 하는 대로 혹은 사회 통념상 옳다고 여겨지는 기준대로 살아간다. 순리자와 같이. 그러다 보니 본인 스스로 만족하지 못하는 경우가 많다.

따라서 진정 행복한 삶을 살기 위해서는 타인의 시선보다는 자기 자신의 내면의 소리에 귀 기울여 보는 건 어떨까? 그러면 보다 주체적인 삶을 살아갈 수 있지 않을까 생각한다.

"나는 어떻게 죽을 것인가?"

"나는 어떻게 죽을 것인가?"라는 질문은 굉장히 중요하다. 왜냐하면 삶의 마지막 순간을 스스로 통제할 수 있다면 자신의 삶 전체를 통제할 수 있기 때문이다. 그렇기 때문에 우리는 죽음이라는 단어를 회피하거나 외면하지 말고 정면으로 바라봐야 한다.

인간이라면 누구나 반드시 죽는다. 그렇기 때문에 언젠가 찾아올 나의 죽음에 대해 미리미리 대비해야 한다.

요즘은 100세 시대라고 한다. 오래 산다는 건 분명 축복받을 일이지만, 준비되지 않은 장수는 오히려 재앙일 수 있다는 것 또한 명심해야 한다. 언젠간 나도 아프고 병들어 고통스럽게 죽어 갈 수도 있다.

따라서 만약 자신이 그런 상황에 처했을 때 후회하지 않을 선택을 할 수 있도록 사전에 철저하게 준비해 두어야 한다. 그것이 바로 '웰 다잉'이고 진정한 의미의 '웰빙 라이프'라고 말할 수 있다.

아울러 우리는 언젠가 다가올 그날을 대비해 버킷 리스트를 작성해서 하나하나 실천해 나간다면 남은 인생을 후회 없이 보낼 수 있지 않을까 생각한다. 그러기 위해서는 하루하루 최선을 다하며 살아야 할 것이다.

"나의 Bucket List(죽기 전에 꼭 해 보고 싶은 것)"

1. 걱정 없이 사는 마음 자세를 갖자(스트레스는 만병의 근원)
2. 도전적으로 한번 살아 보자(농어촌 민박업 창업)
3. 온전히 나의 삶을 살자(타인과 비교하지 않는 삶)
4. 어떤 하나에 몰입해서 성과를 내어 보자(독서/전자책 및 종이책 집필)
5. 타인에게 감정 표현하자(긍정, 존중, 칭찬, 웃음, 용서 등)
6. 가족들에게 자주 사랑을 표현하자(아내와 자녀 등)

소방관 아빠는 퇴직하기 전, 후배 직원들에게 선물을 하나 주고 떠나기로 마음먹었다. 소방관 직업은 겉으로 보기에는 멋있어 보인다. 또한 국민들에 대한 직업 신뢰도가 1위다.

그런데 그 이면에는 아픔이 많다. 소방관은 화재와 각종 재난, 재해로부터 국민의 생명과 재산을 보호하는 사명감을 갖고 있다.

때문에 가장 위험한 상황에 먼저 뛰어들어(First in), 최후까지 견디다가 마지막으로 탈출(Last out)하게 되는데 전국적으로 구조, 구급 등 재난 현장에서 최근 10년간 49명의 소방관이 순직하였다.

특히 소방 활동 중 참혹한 광경을 목격하여 우울증 등 외상 후 스트레스를 겪는 경우가 너무나 많고 이를 견디다 못해 결국은 극단적인 선택을 하는 사고가 전국적으로 최근 10년간 60명이 발생을 하였다.

오늘도 소방관들은 본인 상처는 뒤로 묻어 둔 채 공기호흡기 등 무거운 장비를 어깨에 짊어지고 화재 진압, 인명 구조, 응급 환자 병원 이송 등 타인(국민)의 상처를 먼저 돌보기 위해 재난 현장으로 달려간다.

소방관이 죽으면 국민들의 안전은 누가 지켜 주겠는가.

소방관 아빠는 이제 5개월 후면 자연인이 된다. 인생 1막을 마무리하고 인생 2막도 변함없이 독서와 글쓰기로 세상과 소통하며 성장하는 삶을 살 것이다.

이제 내가 살아온 이야기를 이 조그만 책자에 작은 기록으로 남겨 후배들뿐만 아니라 책 읽기와 글쓰기를 해 보지 않은, 또는 망설이고 있는 모든 사람에게 도움과 참고가 되었으면 더 바랄 것이 없겠다.

죽을 때 후회하지 않기 위한 삶의 지혜

 소방관 아빠가 죽음을 세 번씩 경험하면서 지나온 세월에 대해 회고해 보았다. 정답은 없겠지만, 우리가 죽기 전에 어떤 삶을 살아야 잘 살았다고 할 수 있을까. 독서와 나의 경험을 토대로 지혜를 모아 보았다.

 첫 번째, 자신이 믿는 가치관을 따르는 삶을 살아야 한다. 우리는 각자 자신이 믿는 가치관을 가지고 있다. 이러한 가치관은 우리의 행동과 선택에 큰 영향을 미친다. 우리가 자신이 믿는 가치관을 따르면 그 선택과 행동에 대해 후회하시 않게 된다.

두 번째, 주어진 삶을 최선으로 살아가는 삶을 살자. 우리는 각자의 인생에서 다양한 상황과 환경에서 살아가게 된다. 이러한 상황에서 자신이 가진 잠재력을 최대한 발휘하고, 주어진 삶을 최선으로 살아가는 것이 중요하다. 자신이 하고 싶은 일을 하고 자신이 가진 장점을 살려서 일을 하며, 삶의 의미를 찾는 것이 중요하다.

세 번째, 인간관계와 연결을 중요하게 생각하는 삶을 살자. 인간관계는 삶에서 중요한 역할을 한다. 우리는 다른 사람들과 함께 살아가기 때문에, 우리의 행동이 그들에게 미친다. 따라서 우리는 타인과의 관계를 중요하게 생각하고 그들을 존중하고 배려하는 삶을 살아가는 것이 중요하다.

네 번째, 자기 계발과 성장을 추구하는 삶을 살아야 한다. 우리는 삶에서 계속 성장하고 발전해야 한다. 이를 위해서는 자기 계발과 학습에 투자하고, 자신의 한계를 넘어서 새로운 도전과 경험을 즐기는 것이 중요하다. 또한 자신의 장점과 약점을 인식하고, 이를 개선하여 발전하는 것도 중요하다. 이를 통해, 죽을 때 후회하지 않는 삶을 살아갈 수 있다.

마지막으로, 나를 낳아 주시고 길러 주신 부모님 그리고 나의 인생의 반려자이며 동지인 아내와 아들에게 먼저 고마움을 전한다.

또 인생 1막의 삶에서 기꺼이 멘토가 되어 주신 왕재섭 전 강원도 소방본부장님, 이강일 전 강원도 소방본부장님, 우원기 전 춘천 소방서장님, 박창진 전 춘천 소방서장님, 김상철 전 인제 소방서장님, 이지만 전 대구광역시 소방안전 본부장님과 그 외 소방관 생활을 함께 했던 훌륭한 선배님, 동료, 후배님께 진심으로 감사를 드린다.

에필로그

이 책에는 소방관 아빠의 삶 전부가 녹아져 있다.

가난한 탄광촌 광부의 아들로 성장하며 학교 공부는 그럭저럭 중간 정도는 하는 성적이었다.

어찌하여 대학에 합격을 하였으나 등록금이 없어 대학 진학을 포기하고 막노동 등 일선 현장으로 뛰어들어 돈 버는 게 목적인 삶이 시작되었다. 왜? 가난하기 때문에….

그러다 소방관인 외삼촌의 권유로 소방공무원 시험에 응시, 합격을 하여 공직자의 길로 들어선다.

이후 직장 생활 중에 세 번의 죽음을 경험하면서 어떻게 인생을 살아야 하는 게 정답인지 고민하다가 삶의 방향과 깊이를 깨닫게 되었다.

늦은 감은 있지만 요즘은 100세 시대 아닌가. 정년퇴직 2년여를 앞두고 블로그와 인스타 그리고 브런치 등을 통해 글쓰기에 매진하면서 좀 더 깊이 있는 글쓰기를 하기 위해 온라인 강좌에도 참여하게 되었다.

이것이 바탕이 되어 두 권의 공저 전자책과 한 권의 개인 전자책을 출간할 수 있었다.

글쓰기와 독서는 불가분의 관계를 갖고 있다. 우리가 글을 쓰는 것은 머리에서 생각을 정리하여 종이에 적거나 타이핑을 하는 것이다.

머리에 많은 지식들이 쌓여 있어야 필요할 때 꺼내서 글을 쓸 수가 있다.

그래서 우리는 독서의 중요성을 강조하는 것이다.

혹자는 "독서가 밥 먹여 주냐."라고 한다. 그 말이 맞을 수도 있다. 그러나 정답은 아니다. 책이 밥을 먹여 주지는 않더라도 하나의 인격체로 살아가는 지표가 되는 것은 분명하다. 독서의 본질은 새로운 지식과 지혜를 얻어 지금보다 똑똑한 나를 만들어 주는 것이다.

《죽음의 문턱을 세 번씩 넘나든 현직 소방서장의 메시지》는 죽음을 경험하면서 느낀 삶의 방향에 대한 이야기다.

우리가 죽고 나면 돈도 명예도 다 필요 없다. 그래서 죽기 전에 후회 없는 삶을 살기 위해서는 모든 것에 "최선을 다하자."라는 메시지를 던지는 것이다.

그러기 위해서는 책 읽기와 글쓰기!
지금 바로 시작하자.

2023년 5월
작가 주진복

부록 1
언론사 기고문 모음

독서를 습관화하여
외상 후 스트레스 장애가 아닌
외상 후 성장으로 변화하자

1. 내 건물 내 주변 안전 점검은 나 스스로 하자
(2023년 2월 6일 강원도민일보)

 지난 한 해의 가장 큰 이슈는 서울 이태원 참사가 아닌가 생각해 본다. 많은 사상자가 발생해서 우리 국민들을 가슴 아프게 한 사건이었다. 조금만 신경 썼으면 충분히 예방할 수 있는 사고였다. 이 또한 안전 불감증이었다. 지난 세월호 사고를 겪으면서 우리는 뭐라고 다짐을 했던가. 또다시 반복되는 사고를 겪지 않겠다고 말이다. 그러나 또다시 사고는 반복되었다.

 우리는 이 시점에서 "소 잃고 외양간 고치는 일"을 또 이야기해야 하는가? 그러면 어쩌겠는가? "사후약방문(死後藥方文)"이라도 해야지. 이후부터는 재난 대응 시스템을 획기적으로 개선해야 한다. 또한 면밀한 안전 점검과 체계적이고 반복적인 안전 교육을 통해서 우리 대한민국에서는 안전 불감증이 다시는 자리 잡지 못하도록 해야 한다.

 어느덧 2023년 새해를 지나 겨울도 이제 막바지에 와 있다. 보름 정도 있으면 봄이 오는 입춘이다. 우리나라는 사계절이 뚜렷하여 계절마다 기온 차가 매우 크다. 그렇기 때문에 각 계절마다 발생할 수 있는 사고도 다르다. 특히 겨울이면 찾아오는 반갑지 않은 손님이 바로 화재다. 매년 11월~2월 사이에만 무려 5천 건 이상의 화재가 발생한다고 한다.

 그렇다면 왜 유독 다른 계절보다 겨울에 화재 발생률이 높은 걸까? 그리고 이를 예방하기 위해서는 어떻게 해야 할까? 그것은 바로 건조한 날씨 때문이다. 실제로 미국 환경보호청 연구 결과에 따르면 습도가 10% 낮아지면 불이 날 확률이 25%나 증가한다고 한다.

따라서 평상시 철저한 예방만이 소중한 생명과 재산을 지킬 수 있으며 그 무엇보다 중요한 것은 내 건물, 내 주변 안전 점검은 나 스스로 해야 한다는 것이다. 특히 건물을 소유·관리하는 건축주, 점유자, 임대인은 유사시 피난할 수 있는 비상구와 음식물 조리 시 발생할 수 있는 가스 밸브 잠금 상태 확인, 기타 노후 불량 전기시설 방치 여부 등을 일상생활 속에서 점검하고, 보완하는 훈련과 습관화가 절대적으로 필요하다.

또 본인이 거주하는 곳의 안전 점검을 실시해야 함은 물론 타 건물에 들어갈 때에도 비상구가 어디에 있는지, 피난 계단은 어디에 있는지 등을 점검하는 습관도 필요하다. 무엇보다 가정이나 회사에서 화재가 나면 119에 신고를 하고 소방차가 도착하기 전까지는 우리 모두가 소방관이라는 생각 아래 소화기로 초기 진압은 가능한지, 어디로 대피해야 하는지, 인화성 물질은 없는지 등을 조금 더 세심하게 살피고 대응하는 자세를 가져야 한다. 그러기 위해서는 스스로 깨닫고 행동으로 옮기는 실천만이 답이다.

2. '책 읽는 소방관 프로젝트' 독서로 외상 후 성장 이루자
(2023년 1월 2일 강원도민일보)

대한민국 국민이라면 누구나 아는 직업군인 소방관! 하지만 일반인들에게는 그저 화재 진압 현장에서 열심히 불을 끄는 모습으로만 인식되고 있을 뿐…. 정작 소방관 자신들은 어떠한 일을 하고 있는지, 자신의 존재 이유를 잘 모르는 경우가 많다. 나 역시 1년 전만 해도 나의 소중한 가족과 타인의 생명을 지키는 멋진 소방관이라는 자부심만 가지고 있었을 뿐, 소방관 생활 34년이 지났건만 실제로 나의 존재 가치가 뭔가에 대해서 깊게 고민해 본 적이 없고 정확히 인식하지 못했다.

나의 인식이 바뀌기 시작한 것은 현재 근무하고 있는 춘천 소방서에 금년 1월 4일 자로 부임하면서 동료 직원들에게 메신저를 통해 공감 글쓰기로 소통을 하던 것이 계기가 되어 독서와 글쓰기에 빠졌을 때부터다. 이후 일주일에 2~3회씩 글을 써서 블로그에 포스팅하다 보니 10개월 동안 누적 글 200여 개가 쌓이게 되었다. 직장 퇴근 후 시간을 활용하였고 미라클 모닝을 하면서 전자책 공저에도 참여하여 두 권의 책(《나의 인생책 한 권을 소개합니다.》, 《놓치고 싶지 않은 나의 꿈》)이 출간되었다.

책 읽기를 해 본 건 학창 시절 때의 공부를 빼고는 손에 꼽을 정도로 몇 권 안 된다. 이제 정년퇴직을 2년 앞둔 시점, 늦은 나이에 시작한 독서지만 이제는 점차 습관화되어 간다. 퇴직하기 전 후배 직원들에게 마음의 양식인 독서를 통해 현장 활동 시 겪는 어려움과 심리적 문제를 해결해 보고자 2023년에 '책 읽는 소방관' 프로젝트를 시작한다.

단계별 추진 계획으로 먼저 기존 도서(230여 권) 외 자기 계발서, 교양서적 등 도서를 추가 구입(70권) 및 비치 완료하였다. 두 번째로는 관내 공공도서관과 연계하여 대출 도서 반납 시 편의를 제공할 수 있도록 MOU를 계획 중이며, 세 번째로 독서 후 독후감 등 서평 쓰는 방법 지도와 반기별 독후감 평가 후 독서왕을 선발 시상할 예정이다. 마지막으로 전문 작가를 초빙하여 독서 및 글쓰기 특강과 희망 직원 공동 글쓰기로 전자책도 출간할 계획이다.

소방관은 재난 현장에서 참혹한 광경들을 수도 없이 목격하고 직접 대응해야 하기 때문에 우울증 등 외상 후 스트레스를 많이 겪는다. "독서는 영혼의 약이다(Medicine for the soul)."라는 말이 있다. 이 문구는 고대 그리스 도시 국가 테베의 도서관 앞에 적혀 있다고 한다. 해외에서는 '독서 치료'가 각광을 받고 있다. 영국에서는 가벼운 우울증 환자에게 책을 우선 처방하는 의료 서비스가 2014년부터 본격화되었다. 문학, 철학, 심리학을 망라한 독서를 통해 우울증, 불안장애를 치유한다는 것이다. 우리나라의 '독서 치료' 실태는 조사해 보지 못해 잘 모르겠다. 아무튼 소방관이 독서를 습관화하고 생활화한다면 "외상 후 스트레스 장애가 아닌 외상 후 성장"으로 변화할 수 있는 계기가 될 수 있다. 즉 내면적 상처가 부정적으로 새겨지는 것이 아니라 그 상처가 성장으로 발전하는 것이다. 따라서 성장의 매개물은 독서가 된다는 것을 우리 모두 명심하자.

3. 불조심 예방만큼 중요한 독서
(2022년 9월 19일 강원도민일보)

　뜨거웠던 여름이 가고 가을의 문턱에서 강력한 태풍이 두 차례 지나갔다. 다행히 강원도는 큰 피해가 없었다. 최근 들어 맑은 가을 하늘과 함께 아침저녁으로 기온이 내려가 다소 쌀쌀해졌다. 우리는 가을을 천고마비의 계절, 독서의 계절이라고 한다. 그 이유는 여러 설이 있지만 '출판업계의 마케팅'설이다. 출판업계가 비수기 불황을 타개하기 위한 방법을 고민하던 중 가을을 독서의 계절로 선포했다는 전략설이 꽤나 신빙성이 있어 보인다.

　요즘은 고물가·고금리·고환율 등 3고로 인하여 대내외적으로 빨간불이 켜져 있다. 이렇게 사회·경제적으로 힘든 시기에 여러분은 어떤 삶을 살고 있을까? 그냥 일희일비(一喜一悲)하지 않고 강물에 물 흘러가듯이 순리대로 살고 계신지, 아니면 삶에 변화를 좀 줘서 발전하는 삶을 살고 계신지, 순리자(順理者)와 역행자(逆行者)라는 개념에 대해서 한번 살펴보자.

　우리 삶에 있어서 95%의 인간은 타고난 운명 그대로 평범하게 살아간다. 이를 순리자라고 한다. 그리고 나머지 5%의 인간은 정해진 운명을 거스르는 능력을 갖추고 있다. 그들은 이 능력으로 인생의 자유를 얻고 경제적 자유를 누리고 있다. 이와 같이 정해진 운명을 거역하는 자를 '역행자'라고 부른다.

　최근 본인은 우연찮게 자청(자수성가한 청년) 저자의 《역행자》라는 자기 계발서를 접하게 되었다. 그래서 몇몇 직장 동료와 함께 단체로 책을 구입해서 읽고 토론 한번 해 보자고 제안을 하며 혹 도민들에게도 도움이 되지 않을까 해서 기고를 해 본다.

이 책은 단 20편의 영상으로 10만 구독자를 넘어서며 화제를 모았던 유튜버 자청의 첫 책으로 가난을 넘어 경제적 자유와 행복을 얻기까지 저자가 찾아낸 7단계의 성공 원리를 담고 있는 베스트셀러이다. 나는 역행자를 읽고 잠시 생각에 잠겨 봤다. 나를 비롯한 가족, 직장 동료, 지인들 거의 모두가 순리자에 속하는 것이 아닌가! 역행자는 단순히 경제적 독립을 위한, 즉 돈을 벌기 위한 지침서가 아니라, 모든 사람들의 삶의 지침서라고 생각한다.

여기서 정주영 전 현대그룹 명예 회장의 어록 하나를 회고(回顧)해 본다. "이봐, 해 봤어!" 어려운 일을 앞에 놓고 주저하는 회사 간부들을 질책하고 독려할 때 그가 자주 썼던 말이다. 이 말은 포기하고 좌절하지 말고 적극적인 자세로 도전하라는 표현이다. 작가 자청은 20살 무렵 도전 정신으로 200여 권의 책을 독파하여 얻은 치트(비밀)키들을 활용해 창업에 연이어 성공하였다. 그는 역행자의 모든 단계는 돈 버는 방법으로 위장되어 있지만, 사실은 '어떻게 하면 인생을 행복하게 살 수 있을까?' 하는 방법에 대한 이야기라고 한다.

가을 독서의 계절을 맞아 도민들에게 《역행자》라는 책을 한번 읽어 보고 요약정리 기록하는 시간을 가져 보기를 권한다. '수불석권(手不釋卷)'이라는 고사성어가 있다. 손에서 책을 놓지 않는다는 뜻으로, 독서의 중요성을 다시 한번 강조하고자 한다. 마지막으로 우리 삶에 있어서 독서(input)와 글쓰기(output)가 가장 큰 행복이라는 것을 우리 모두 다시 한번 인지(認知)할 필요가 있다.

4. 극단적 선택 예방, 사회적 관심과 배려 중요
(2022년 9월 19일 강원도민일보)

최근 우리가 살고 있는 사회는 너무나 힘든 세상이다. 지난 2년여 동안 코로나19라는 감염병에 시달렸고, 바로 이어서 고금리·고물가·강달러(환율 상승)에 서민들은 시름하고 있다. 진짜 위기는 아직 오지 않았다고 한다. 내년 경기 침체에 대비하라고 전문가들은 이야기한다. 이러한 현실 속에서 우리 국민들은 육체적·정신적 고통과 경제적 어려움 등을 호소하고 있다.

그래서일까? 때론 이 힘든 현실에서 도망치고 싶을 때가 있다. 모든 것이 엉망이 된 것 같고, 도저히 더는 나아질 것 같지 않고, 그래서 그만 모든 것에서 손을 놓아 버리고 싶은… 그런 유혹이 들 때가 있다. 이렇게 우리는 더러, 자살의 유혹에 사로잡히기도 한다. 삶의 의미를 느끼지도 못하겠고, 이렇게 사느니 차라리 죽는 것이 낫겠다는 생각이 드는 것이다. 나를 도와줄 사람이 하나도 없는 것 같고, 혼자서 이 어려움을 헤쳐 나가야 한다는 막막함에 절망하기도 한다.

하지만 다시 한번 생각해 보자. 정말로 힘든 현실 때문에 이런 생각이 드는 것일까? 사람은 누구나 본인에게 주어진 현실을 주관적으로 바라보기 때문에 혼자인 것 같고, 희망이 없다고 느끼기 쉬우며, 극단적인 생각을 하기도 한다. 그러나 우리가 '자살'을 거꾸로 해서 '살자'로 의식을 한번 해 본다면 객관적인 현실은 그렇게 절망스럽지 않을지도 모른다.

보건복지부와 한국생명존중희망재단의 2022 자살예방백서에 따르면 2020년 우리나라 자살자 수는 1만 3,195명으로 2019년보다 604명(4.4%) 감소했다. 그러나 OECD 회원국 중 우리나라 자살률은 24.5명(연령 표준화 값)으로 가장 높은 것으로 나타났다. 자살 원인은 정신적 문제가 38.4%로 가장 많았고, 경제생활 문제 25.4%, 육체적 질병 문제 17.0%, 가정 문제 7.0% 순이었다. 대부분 정신적·경제적 문제로 극단적 선택을 하는 것으로 나타났다.

이처럼 자살이 개인의 문제를 떠나 사회적 문제로 대두되자, 정부는 2011년에 '자살 예방 및 생명 존중 문화 조성을 위한 법률'을 만들어서 시행을 하고 있다. 하지만 자살 예방 사업에 있어서 정부 차원의 지원금이 너무 적다고 한다. 우리가 자살률을 줄이려면 자살 방지 예산을 늘려 전국적 규모의 자살 관련 통계 조사를 실시하고, 국무총리 직속으로 자살 예방 센터를 두어서 세계적으로 가장 낮은 자살률을 기록하고 있는 핀란드처럼 체계적인 정부 차원의 자살 예방 시스템이 갖춰져야 한다고 전문가들은 이야기한다.

자살 예방을 위한 정부·지자체의 공동 노력도 중요하지만, 그에 앞서 자살 위험에 처한 사람을 돕는 가장 중요한 방법은 "주변인들의 경청"이라고 생각한다. 첫 번째로, 자살하려고 마음먹은 이유와 그가 처한 상황에 대해서 주의 깊게 가만히 들어 주는 것이 중요하다. 두 번째, 경청을 위해서는 자살 생각에 대해 단도직입적으로 물어보고 천천히 조심스럽게 왜 그런 생각을 하게 되었는지 구체적으로 질문하는 것이 필요하다. 세 번째, 자살 결심을 하게 된 이유와 그가 처해 있는 상황, 힘든 점 등 자살에 대해 충분히 이야기하고 나면 '그럼에도 불구하고 살아가야 할 이유'가 떠오르는 게 있는지 질문을 해서 긍정적인 반응을 하게 만든다. 마지막으로, 자살에 대한 생각을 이야기하기가 어려웠을 텐데… 나에게 이야기해 줘서 고맙다고 격려와 칭찬을 해 주는 것으로 마무리하면 어느 정도 대처가 될 것 같다.

'파파게노 효과'라는 것이 있다. 파파게노는 모차르트의 오페라 〈마술피리(1791년)〉에 등장하는 인물로, 연인과 이루지 못한 사랑을 비관해 자살을 시도할 때 세 명의 요정이 나타나 만류하여 희망의 노래를 전했다. 파파게노는 이들의 도움으로 죽음의 유혹을 극복했다고 한다. '파파게노 사례'처럼 우리 모두 사회적으로 자살을 극복할 수 있는 환경을 만들어 가는 것이 그 무엇보다 중요하다고 하겠다.

5. 석가탄신일 화재 예방은 선택이 아닌 필수
(2022년 5월 3일 강원도민일보)

'전호후랑(前虎後狼)'이라는 고사성어가 있다. "앞문에서 호랑이를 막고 있으려니까 뒷문에서 이리가 들어온다."라는 뜻으로, 재앙이 끊일 새 없이 닥침을 비유적으로 이르는 말이다. 지난 3월 초 봄철 건조·강풍 등으로 울진·삼척과 강릉·동해 지역의 대형 산불로 막대한 피해가 발생한 데 이어 4월 10일 양구에서도 부주의가 원인이 된 대형 산불이 발생하였으나 다행히 소방 등 유관 기관의 긴밀한 공조로 인명과 시설 피해가 없었다.

다가오는 5월 8일은 석가탄신일이다. 전통 사찰에서는 봉축 행사를 위해 연등 설치를 비롯한 촛불·전기·가스 등의 화기 사용이 증가

해 화재가 발생할 가능성이 매우 높다. 또한 목조 건축물로 화재에 취약하고, 대부분 산림 주변에 위치해 화재 발생 시 산림으로 확산될 우려가 크다. 특히 코로나19 여파로 중단됐던 연등 행렬이 3년여 만에 재개되고 어버이날과 겹침에 따라 많은 시민들이 사찰을 찾을 것으로 예상되면서 각별한 주의가 요구된다.

소방청 통계에 의하면 최근 5년간 전국 사찰에서 발생한 화재는 220건으로 주요 원인은 부주의 43.2%(95건), 전기적 요인 26.8%(59건), 원인 미상 19.1%(42건) 순으로 나타났다. 부주의가 가장 많은 비중을 차지하였으며, 도내에서는 총 11건이 발생하여 한 명의 인명 피해와 2억 8천여만 원 상당의 재산 피해가 발생했다.

요즘에는 연등 행사 시 LED 전구를 많이 사용하고 있는데, 연등용 LED 전구는 안전 기준이 검증된 KC 인증 제품을 사용하고 노후 전기시설 점검·교체 시 전문 업체에 의뢰해 시공을 해야 한다. 그리고 소화기 등 초기 화재 진압을 위한 소방시설 자체 점검과 사찰 주변 소각 행위 금지 및 화재 취약 요인을 사전에 제거해야 한다.

부주의가 원인이 된 재난은 바로 안전 불감증으로부터 비롯되었다고 할 수 있다. '유비무환'이나 '토영삼굴'은 안전과 관련된 말이다. 안전이란 늘 깨어 있어야 하고 대비하지 않으면 사고로 이어짐을 잊지 말아야 한다는 고사성어의 교훈이다.

우리 생활 주변에는 우측통행 등 보이지 않는 안전 수칙들이 많이 있다. 지키지 않아도 큰 불편함이 없는 사소한 것들이지만 이런 수칙들이 잘 지켜졌을 때 살기 좋은 안전한 사회가 되는 것이다. 유비무환은 전쟁에서만 필요한 것이 아니라 일상생활 속에서도 꼭 필요한 것이다. 다가오는 석가탄신일에는 사찰 관계자 및 방문객 모두가 안전에 대한 경각심을 가지고 화재 예방에 적극 동참해 주기를 바란다.

6. 화마(火魔)가 휩쓸고 간 지역에 나무를 심자
(2022년 3월 30일 강원도민일보)

'역대 최대 피해·최장기' 기록을 남기며 잿더미가 된 울진·삼척 그리고 동해·강릉 등 동해안 지역은 피해 면적이 눈덩이처럼 불어났고 피해 규모도 과거에 비해 걷잡을 수 없이 커졌다. 산불의 직접적인 원인은 부주의한 인재(人災) 등 여러 원인이 있겠지만, 그와 더불어 지구 온난화가 가속되면서 건조한 산림, 강한 바람 등 기상이변 등으로 인해 곳곳에서 산불이 발생하기 쉬운 환경이 형성되고 있음을 알 수가 있다. 기후 변화의 영향은 어쩔 수 없다고 하더라도 산불 피해 확대를 막고 잿더미가 된 귀중한 산림을 복구해 미래 후손들에게 남겨 주기 위해서는 보다 근본적이고 장기적인 대응책 마련이 필요하다.

우리 모두 다가오는 식목일(4월 5일)의 의미를 되새겨 보자. 식목일은 과거 공휴일이었던 시절 나무 심기 등 자연환경과 관련된 다채로운 행사들이 많이 벌어졌지만, 2006년 공휴일에서 제외된 이후 행사 등이 축소되고 그 의미가 퇴색되어 가고 있다. 6.25 전쟁 당시 벌거벗은 산이 많아 산사태나 홍수 등 자연재해가 잦았으며, 일제 강점기에 빼앗긴 산림 자원을 회복하기 위해 식목일을 지정하여 나무를 심게 되었다고 한다.

  나무는 공기 중의 이산화탄소를 흡수하고 신선한 산소를 배출한다. 이는 지구 온난화를 늦추는 것은 물론 미세 먼지를 줄이는 효과도 있다. 이외에도 나무는 수많은 동식물에게 보금자리와 먹이를 제공해 주고 또한 비와 바람에 지표면의 토양이 깎여 나가는 유실 현상을 막아 주어 산사태 발생을 예방해 주기도 하는 아주 귀중한 자원인 것이다.

  현재 우리나라는 전 국토의 63%가 산림인데 이 중 산림의 약 25%는 화재에 취약한 침엽수인 소나무로 구성되어 있다. 소나무는 잎과 가지에 테르핀 등 정유 물질을 함유하고 있어서 불에 잘 탈 뿐만 아니라 산불 대형화의 주요인으로 꼽힌다. 엄청난 양의 탄소를 배출하는 산불 피해를 최소화하기 위해서는 불에 견디는 힘(내화성)이 강한 참나무 등 활엽수 식재를 늘려 산림을 좀 더 다양한 수종으로 바꿔야 한다는 전문가들의 지적이 많다.

  옛 고사 성어에 '고식지계(姑息之計)'라는 말이 있다. "재난이나 사고가 발생하고 난 후에야 그 문제의 근본적인 해결책이 아닌 그 순간만을 회피하기 위해 현실성 없는 대책을 내놓는 것", 즉 화마가 휩쓸고 지나간 산림에 소나무 같은 침엽수림을 다시 식재를 한다면 땜질식 처방밖에는 되지 않는다는 것이다.

  특히 강원도는 전체 면적의 82%가 산림으로 둘러싸여 있으며 동해안 지역에는 침엽수인 소나무가 빽빽하게 들어서 있다. 매년 봄철이 되면 산불이 잦고 큰 피해가 집중되는 강원도 영동 지역의 수종 갱신은 선택이 아닌 필수 조건인 것이다. 다가오는 식목일을 맞이하여 강원도 산림의 생태 복원을 위해 우리 모두 나무 심기에 동참해 산불 확대의 악순환을 끊어 낼 수 있기를 기대한다.

7. 주택 화재 가장 큰 원인은 '안전 불감증'
(2022년 3월 20일 강원도민일보)

지난 3월 10일 오후 5시경쯤 제가 근무하고 있는 사무실 천정 스피커에서 다급한 목소리가 들려왔다. 춘천시 ○○면 ○○리 소재 주택 주방 조리용품에 냄비를 올려놓고 불이 켜진 상태에서 외출한 사이 음식물이 탄화하여 연기와 불꽃이 발생한 사고로 소방본부 119 상황실에 화재 신고(소방서 동시 청취)가 접수되는 상황이었다. 다행히 소방차가 현장 도착하기 전에 이웃이 먼저 가서 자체 진화하여 큰 사고로는 이어지지 않았다.

이와 같이 해마다 주택, 아파트 등에서의 주방 화재 사고는 계속 증가 추세에 있다. 2021년 강원도 화재 총 1,780건 중에서 주거시설 화재가 465건이었으며, 이 중 부주의로 인한 화재가 42.6%(198건)로 절반을 차지할 정도로 그 비중이 상당히 높아 각별한 주의가 요구된다.

화재의 원인을 살펴보면 조리기구(가스레인지, 인덕션) 주변 가연물에 의한 화재, 벽이나 환기구 후두에 있는 기름 찌꺼기 화재, 조리 중 자리 이탈(낮잠, 음주 후 취침, 장시간 전화 통화, TV 시청, 외출)로 인한 화재, 식용유 사용 중 과열로 인한 화재 등 상당수가 부주의와 연관되어 있다. 이 부주의한 행동은 어디서 시작되었을까? 바로 '안전 불감증'으로부터 비롯되었다고 할 수 있다.

'토영삼굴(兎營三窟)'이란 고사성어가 있다. "토끼는 숨을 수 있는 굴을 세 개는 마련해 놓는다."라는 뜻으로 자신의 안전을 위해 미리 여러 가지 술책을 마련한다는 것이다. 또한 자그마한 미물로 비추어지는 개미의 경우를 보면 비가 내리기 3일 전에 이미 비가 내릴 것이라는 걸 알고 자신의 몸을 보호하고 살아남기 위해 모든 개미는 집에서 나와 나무 위로 올라간다고 한다. 이는 동물들이 본능적으로 살아남기 위한 수단으로 몸에 익숙해져 내려온 습관이며 스스로 위험을 예견하고 회피하는 방법일 것이다. 연약한 동물들이지만 우리 인간에게는 시사하는 바가 크다.

여기서 주방 화재 예방법에 대해서 함께 공부해 보자. 첫째, 조리기구 주변에는 종이, 고무장갑 등 가연물을 놓지 않는다. 둘째, 가스레인지 주변 벽이나 환기구 후두에 있는 기름 찌꺼기를 주기적으로 청소한다. 셋째, 음식물 조리 중 국이나 장시간 음식을 가열할 경우에는 절대 자리를 비워서는 안 되며 외출 시에는 가스·전기기구를 다시 한번 점검하는 습관이 중요하다. 넷째, 식용유는 가열되었을 때 화재 위험이 매우 높다. 불이 붙었다면 물을 뿌리면 안 되고 뚜껑을 덮거나 상추, 배추 등 채소류를 넣어 열을 낮추는 방법으로 진압해야 한다. 다섯째, 가스 사용 전후에는 환기를 시키고 소화기를 거실에 꼭 비치한다.

주방에는 단독 경보형 감지기를 반드시 설치하여 화재 시 빠른 조치 및 대피할 수 있도록 한다. 만약에 불이 났을 때에는 각 가정에 비치된 소화기를 이용해 불을 끄거나 신속하게 안전한 곳으로 대피하면서, 즉시 119에 화재 신고를 해야 한다. 그 무엇보다 우리 모두 화재 예방에 대한 관심과 안전 습관 실천만이 귀중한 생명과 재산을 보호할 수 있는 최선의 방법이 아닐까 생각해 본다.

8. 봄철 반복되는 재난 사고, 안전 의식 개선이 답이다
(2022년 4월 9일 강원도민일보)

만물이 소생하는 경칩(驚蟄)이 지났다. 봄의 기운이 솟구치는 소리에 엔데믹(Endemic), 즉 위드 코로나가 빨리 와서 지쳤던 시민들의 마음속에도 희망의 봄이 왔으면 한다. 일반적으로 화재는 겨울철에 많이 발생한다고 생각하지만, 알고 보면 봄철에 화재가 가장 많이 발생한다.

강원도 소방본부 통계에 따르면 최근 5년간(2017~2021년) 화재 발생률은 봄철 30.7%, 겨울철 30.3%, 여름철 20.1%, 가을철 18.9% 순으로 나타났다. 기상학적으로 봄철은 사계절 중 습도가 가장 낮으며, 다른 계절에 비해 바람도 강하게 불어서 화재의 위험에 많이 노출되는 계절로 화재로부터 경각심을 높여야 하는 시기이다.

'곡돌사신(曲突徙薪)'이라는 사자성어가 있다. 옛날에 한 나그네가 길을 가다가 굴뚝이 곧게 뻗고, 그 옆에 장작이 잔뜩 쌓여 있는 집을 보고, 집주인에게 "곧은 굴뚝을 구부러지게 만들고, 그 옆에 쌓인 장작을 멀리 옮기시오. 그렇지 않으면 화재가 일어날 것이오."라고 충고했다. 하지만 주인은 나그네의 말을 귀담아 듣지 않고 아무런 조치도 취하지 않았다. 얼마 뒤 그 집에 화재가 일어났다. 다행히 이웃 사람들의 도움으로 불을 끌 수 있었고, 자신의 생명을 구할 수 있었다.

주인은 이웃 사람들을 초대해 소를 잡고 술을 사서 잔치를 벌였다. 누군가 주인에게 "전에 나그네의 말을 들었다면 화재가 일어나지 않았을 것이니 소를 잡을 것도 없고, 술을 살 필요도 없었을 것이오. 그런데 정작 굴뚝을 구부러지게 만들고 장작을 옮기라고 말한 사람은 대접하지 않고, 불에 덴 사람을 제일 윗자리에 앉혀서야 되겠소?"라고 했다. 집주인은 그제야 잘못을 깨닫고 나그네를 불렀다는 이야기로 송나라 때 사마광(司馬光, 1019~1086)에 의해서 쓰인《자치통감》에 나온 이야기이다.

이 사자성어는 사전에 적절한 조치를 해서 화재 사고를 미리 예방하라는 말이다. 따라서 우리는 '소 잃고 외양간 고치는 일'이 없도록 봄철 화재 예방에 대한 선제적인 준비가 필요하다. 유의 사항 몇 가지를 제시해 본다.

먼저, 산불 예방이 가장 중요하다. 지난 3월 4일 경북 울진에서 시작해 강원 삼척까지 번진 대규모 산불과 3월 5일 강원 강릉시 옥계면 주택에서 시작한 불이 산으로 번져 망상에 이어 동해까지 확산되어 많은 이재민을 만들고 산림이 초토화되었다. 아직도 전국적으로 크고 작은 산불이 지속적으로 발생을 하고 있다.

이제 날씨가 따뜻해지면 야외 활동 인구 증가와 함께 산행을 하는 사람이 더 많아질 것이다. 산에서의 취사 행위와 흡연 행위는 절대 삼가야 한다. 또한 무심코 버려진 담배꽁초가 수십 년 가꾸어 온 산림을 하루아침에 잿더미로 만든다는 사실을 알고, 입산 시에는 인화성 물질을 아예 소지하지 말아야 한다. 특히 농사철이 되면서 산림 근처에서 논두렁, 밭두렁을 태우는 행위는 절대 하지 말아야 하겠다. 불씨가 날려 순식간에 주택이나 야산에 옮겨붙을 수 있기 때문이다.

두 번째, 건설 공사 현장 안전 대책이 필요한 시기이다. 동절기 중단됐던 각종 건설 공사 현장이 본격적으로 가동되면서 용접 작업으로 인한 화재와 추락 등 안전사고가 우려되는 만큼 안전 관리에 만전을 기해야 하겠다. 특히 용접 작업 시에는 작업 반경 5m 이내에 소화기를 비치해 두고, 반경 10m 이내에는 가연물을 쌓아 두지 않는 기본적인 수칙을 반드시 지켜야 한다.

세 번째, 코로나19로 인하여 각종 행사 개최가 줄어들기는 하겠지만, 소규모 행사라도 안전 관리가 절대적으로 필요하다. 봄철은 따뜻한 기온으로 코로나19로 지쳤던 캠핑 인구가 증가할 것으로 예상이 되며 또한 한식, 석가탄신일, 어린이날 등 야외 행사가 많고 자치단체별로 다양한 축제가 많은 시기인 만큼 불특정 다수인이 운집하는 행사장의 안전 점검이 각별히 요구된다.

마지막으로, 우리가 살고 있는 각 가정에서의 화재 위험 요소를 제거해야 한다. 가정에서 발생하는 화재 원인 중 가장 많은 것은 음식물 탄화와 전기적 단락이다. 문어발식으로 사용하는 콘센트와 가스레인지 음식물 과열은 대표적인 주택 화재의 원인이다. 봄의 기운을 받아 평소 손이 잘 닿지 않는 곳의 먼지 제거와 노후 콘센트 등 전기 제품의 교체, 그리고 주방의 가스 자동 차단기 점검도 꼭 챙겨 보아야 하겠다.

금년 봄철에 발생하고 있는 대형 산불은 물론 각종 안전사고의 주요 원인은 우리 사회 곳곳에 잠재해 있는 안전 불감증과 안전 의식 결여에 있다. 이제 국민들 스스로 안전에 대한 경각심을 다시 한번 되새기는 전환점이 되기를 기대해 본다.

9. '빨리빨리 문화'의 잘못된 습관
(2022년 2월 27일 강원일보)

나는 우리 직장 동료들에게 크고 작은 재난 현장에 출동하거나 소방 활동을 할 때 '빨리빨리'에 흔들리거나 현혹되지 말고 조금의 여유(餘裕)를 가지고 대응을 하자고 이야기한다. 신속성을 요구하는 소방업무의 특성상 일순간에 확 바뀌기는 어렵겠지만, 지속적으로 변화를 모색해야만 한다. 그 이유는 무엇일까? 동료 직원들 안전사고 예방이 최우선이기 때문이다. 그래서 우리 직장에서는 과거의 주요 안전사고 사례를 내부 시스템으로 매일 공지를 해서 전 직원이 공유하며 안전 습관을 체득화하면서 마음을 다스려 나가고 있다.

여기서 우리나라 '빨리빨리 문화'의 의미를 되새겨 보고자 한다. 한국에 유학이나 직장 문제로 살게 된 외국인들이 제일 처음 놀라는 점은 바로 '너무 빠른 삶의 속도'라고 한다. 가령 엘리베이터 닫힘 버튼을 계속 누르는 행위, 웹사이트가 3초 안에 안 열리면 닫는 행위, 음식 주문하면서 수저 놓고 준비 완료 등을 외국인이 보기에는 신기한 것이다.

대한민국은 '빨리빨리 문화' 덕에 한국 전쟁 이후 폐허가 되었던 경제가 급속하게 성장할 수가 있었고, 로켓배송·치타배달과 같이 빠른 서비스를 제공하여 삶의 편리함도 높여 주었다. 그러나 이 '빨리빨리 문화'의 조급성에 기인한 대표적인 것이 1994년 성수대교 붕괴와 1995년 삼풍백화점 붕괴 사고로 공기를 단축하기 위한 부실 공사가 원인이었다고 하며, 최근 들어서는 금년 1월 광주 서구 화정동 신축 아파트 붕괴 사고를 예로 들 수가 있다.

이러한 대형 참사는 어느 개인이나 특정 집단의 잘못에서 비롯된 것이 아니라, 우리 사회 전반에 깔려 있는 안전 불감증과 총체적 부실에서 비롯되었다고 할 수 있다. 여기서 《논어(論語)》 '자로편(子路篇)'에 나오는 고사성어를 소개한다. 공자의 제자 중 한 사람인 '자하(子夏)'가 거보라는 고을의 태수가 되면서 공자에게 정치하는 방법을 물었다. 이에 공자가 답하기를 '욕속부달(欲速不達) 욕교반졸(欲巧反拙)'이라 했다. 급하게 서두르면 일이 성사되기 어렵고, 너무 잘하려고 하다가는 오히려 일을 그르친다는 것이다.

이와 관련하여 소방공무원 직종은 현장 출동 시에 '빠른 탑승, 빠른 출동, 빠른 진입'으로 인명을 구조하고 재산 피해를 줄여야 하는 신속성을 요구하는 직업이다. 소방청 통계에 의하면 최근 10년간 전국 소방공무원 순직자는 49명(연평균 5명), 공상자는 5,672명(연평균 567명)이 발생하였다. 이렇게 공사상자가 많이 발생했던 이유는 신속성과 결과만을 강조한 나머지 중간 과정인 정확성(안전성)이 부족했던 것이다.

이에 최근 들어 소방청 및 강원도 소방본부에서는 현장 대원 안전

사고 및 소방차 교통사고 예방 시스템 도입, 안전사고 예방 교육 훈련 강화 등 다양한 안전 관리 시책을 추진하고 있다. 그러나 이와 같은 새로운 제도나 정책도 중요하지만, 그 무엇보다도 우리 사회 곳곳에 깔려 있는 기존의 관행, 잘못된 안전 습관을 올바른 습관으로 바꿔 나가는 것이 가장 중요하다고 할 것이다.

10. 해빙기 안전사고 예방, 작은 것부터 주의 깊게
(2022년 2월 15일 강원도민일보)

추웠던 겨울이 지나고 따스한 봄이 오면서 만물이 깨어나는 시기, 함께 찾아오는 불청객이 있다. 바로 해빙기이다. 얼음 녹듯이 혹여 사람들의 마음가짐도 흐트러져서 안전 불감증에 노출될까 봐 우려된다.

'견미지저'라는 고사성어가 있다. 볼 견(見), 작을 미(微), 알 지(知), 젓가락 저(箸)이다. 젓가락을 보고 모든 것을 안다는 뜻이다. 이 말의 주인공은 은나라 말기 현자인 '기자'로 그는 은나라 마지막 왕 주왕이 상아 젓가락을 사용하는 것을 보고 은나라가 망할 것을 예언했다는 것이다.

'기자'의 말은 이렇다. "주왕이 상아 젓가락을 쓰니 잔은 틀림없이 옥으로 만든 옥잔을 쓸 것이고, 그러면 필히 먼 곳의 기이한 물건을 구하고자 할 것이다. 그가 타는 말이나 수레, 궁실도 그리 꾸미고자 할 것이니 모든 것을 귀한 것만 찾아 이것이 사치가 되고 무리하게 되니 나라가 지탱될까? 건실한 기풍이 사라지면 나라가 망하는 법이다." 기자는 이렇게 예언했고, 사실 은나라는 그 말대로 주나라에 망하고 말았다.

이와 같이 '견미지저'는 작은(사소한) 것을 보고 앞으로 일어날 큰 사태를 예측한다는 의미로, 해빙기 안전사고 예방에 큰 교훈으로 삼아야 할 것이다. 매년 반복되는 안전사고와 인명 피해를 최소화하기 위해서는 어떻게 해야 할까? 우리가 일상에서 해빙기 안전사고를 예방하는 방법은 작은 것부터 주의 깊게 살펴보아야 할 것이다.

먼저, 공사장 주변 도로나 건축물 등에 지반 침하로 인한 이상 징후는 없는지 살펴보고, 지하 굴착 공사장 주변 등에 추락 또는 접근 금지 표지판이나 안전 펜스가 제대로 설치되어 있는지도 확인해야 한다.

또한 절개지, 암반 등에서는 결빙과 해빙이 반복되면서 위험하다. 토사가 흘러내릴 위험이 없는지 주의해야 하며, 이런 것에서는 노출된 암반이 도로에 떨어지지 않도록 낙석 방지망 등의 안전시설이 제대로 설치되어 있는지, 훼손이나 방치되어 있는 곳은 없는지 반드시 점검해야 한다. 특히 해빙기 강·하천 등 얼음 위에는 절대 올라가지 말아야 한다.

그 무엇보다 중요한 것은 시설물 관리자와 공사장 현장 책임자 또는 지자체 등이 관심을 갖고 생활 주변이나 산업 현장의 안전 상태를 꼼꼼하게 점검해서 위험 요소를 미리 발견하고 사전에 제거하는 것이 해빙기 안전사고를 예방하는 지름길일 것이다.

11. 매년 반복되는 산불! 대책은 없는가
(2019년 1월 7일 강원도민일보)

최근 강원 영동 지방에 건조 경보가 지속되면서 지난해 2월 발생한 삼척시 노곡면 하마읍리 산불과 도계읍 황조리 산불의 기억이 채 가시기도 전에 한 해를 마무리하는 시점인 지난달 22일 삼척시 미로면에서 산불이 발생해 귀중한 산림 10㏊를 태웠으며, 새해 들어 양양군 서면에서 산불이 발생하여 20㏊를 태우는 등 산불 위험이 고조되고 있다. 우리는 산불로 인한 피해가 얼마나 심각한지를 자각(自覺)해야 한다. 산불 피해로 복구를 위한 시간은 최소 40년에서 100년이 걸린다고 한다. 야생 동물들이 서서히 감소하고 산사태 등 자연재해 증가와 대기오염 증가로 기후 변화에 악영향을 주고 있다.

지난해 11월 미국 캘리포니아주 뷰트카운티에서 발생한 대형 산불은 17일 만에 완전 진화되었다. 가옥과 건물 1만 4,000여 채를 비롯해 샌프란시스코 면적의 5배에 달하는 620㎢의 산림과 시가지를 태웠다. 이로 인해 85명이 숨지고 249명의 실종자가 발생하였다. 이와 같이 산불은 전 세계적으로 우리 인간들을 지배하고 있다는 표현이 맞을 듯싶다.

우리가 매년 산불 예방 교육과 홍보를 시스템적으로 하고 있음에도 불구하고 반복되는 이유는 뭘까? 산림청 통계에 의하면 최근 10년간 산불 원인의 81%가 입산자 실화에 의한 부주의라고 한다. 그러면 '부주의'는 어디에서 나오는가? 바로 '안전 불감증'으로 부터 비롯된다. 안전 의식 부재(不在)인 것이다. 우리나라는 왜 안전 불감증에서 벗어나지 못하고 있는 걸까? 이유는 단 하나, 사고 나면 단기적인 개선 대책, 즉 제도 개선에만 초점이 맞추어져 있고 또한 '소 잃고 외양간 고치는 것'이 습관화되어 있기 때문이다.

이제는 중·장기적인 근본 대책이 필요할 때가 아닌가 생각을 한다. 모든 산업 현장, 더 나아가 전 국민들의 안전 의식을 생활화하기 위해서는 반복 교육 훈련과 대국민 홍보도 중요하겠지만, 그 무엇보다 중요한 것은 안전 습관이라고 할 수 있다. 안전 의식을 내 몸에 체득화하기 위해서는 "세 살 적 버릇이 여든까지 간다."라는 속담과 같이 어렸을 때부터의 안전 교육이 절실히 필요하다. 우리가 모든 학년에서 역사를 배우듯이 초·중·고등학교 교과에 기초 안전 관련 교과목을 다양하게 편성을 하고, 기업이나 공무원 등 신규 채용 시에 안전 관련 과목을 필수로 편성하는 등 제도적 보완책이 필요하지 않나 생각을 한다. 초등학생 때부터 성인이 되기까지 반복적인 안전 교육의 메커니즘을 통해 안전 의식이 가정·직장·사회 어느 곳에서든지 발현될 수가 있으며 안전 불감증의 한계를 극복할 수 있을 것이다.

12. 안전 불감증은 이제 그만
(2018년 9월 17일 강원도민일보)

우리는 과거에 이루 헤아릴 수 없는 수많은 재난들을 언론매체를 통해 보아 왔고, 우리 가족들의 귀중한 생명들을 허망하게 잃었던 기억들을 지울 수가 없다. 누구나 다 알다시피 가장 큰 원인은 하나같이 안전 불감증이었고, 설마 하는 안일함이 대형 참사를 끊임없이 발생하게 했다. 현재도 우리 사회는 크고 작은 재난 사고가 지속적으로 발생을 하고 있다. 안전 불감증에서 벗어나지 못하고 있다는 증거가 아니겠는가.

고사성어에 '복거지계(覆車之戒)'라는 말이 있다. "앞의 수레가 뒤집히는 것을 보고 뒤의 수레는 미리 경계한다."라는 뜻으로 이는 후한 환제 때 환관들의 전횡이 국정을 농단하자 신하들이 들고 일어나 환관들을 엄히 다스릴 것을 요청할 때 나온 말이다. 환관들은 신하들이 자신들을 모함한다면서 신하들을 처벌하라고 황제를 압박했다. 환관들의 위세에 눌린 신하들을 투옥하려고 하자 대부 두부가 황제에게 간했다.

"환관들의 전횡을 방치하면 예전 왕조들의 실패를 반복하는 것입니다. 이는 앞서 가는 수레가 뒤집혀지는 것을 보고도 그대로 그 길을 따라가는 것과 같습니다. 신하들을 풀어 주십시오."

이는 앞 사람의 실패를 본보기로 하여 뒷사람이 똑같은 실패를 하지 않도록 조심함을 이르는 말이다.

이제 10여 일 정도 지나면 추석 연휴가 시작된다. 지난해와 마찬가지로 크고 작은 각종 재난 사고 발생이 예견된다. 귀성길 교통사고 예방과 전통시장, 터미널, 영화관, 노래방 등 다중 이용시설의 안전 대책이 절실히 요구된다.

이번 추석 연휴는 정부(공무원)와 국민들 개개인이 '복거지계'를 망각하지 말고 "안전 실천이 자신은 물론 타인도 지킨다."라는 각오로 타인의 안전도 배려하는 마음 자세가 필요한 때이다. 특히, 다중 이용업소 영업장에서는 비상구를 항시 개방하고 장애물을 적치하지 말아야 하며, 또한 건물 내 소방시설은 잘 작동하고 있는지 사전 점검이 필요하다. 그 외 주변에 위험 요소는 없는지 유비무환의 정신으로 살펴보는 습관이 안전 불감증으로부터 벗어날 수 있는 유일한 길임을 명심해야 할 것이다.

부록 2

직원들과 소통했던 공감 메일 모음

사소한 시빗거리도 '미소'로 화답
새해! '패자 부활전'에서 한번 이겨 봐

〈기분 좋은 공감 메일 제1호〉
제목: "관계의 미학"

약점은 도와주고…!
부족은 채워 주고…!
허물은 덮어 주고…!
비밀은 지켜 주고…!
실수는 감춰 주고…!
장점은 말해 주고…!
능력은 인정하고…!

사람을 얻는 것은 행복을 얻는 것이며, 사람을 잃는 것은 행복을 잃는 것입니다. 기쁨도 슬픔도 성공도 실패도 사람으로 연결되는 것입니다.

그러니 좋은 사람을 만나고 싶으시면, 자신이 먼저 어떤 사람인지 냉철하게 봐야 합니다. 마치 사람은 자석 같아서 자신과 비슷한 사람을 끌어당기기 때문입니다.

성공도 같습니다. 자신 마음 그릇을 키운 만큼 담을 수 있는 사람들의 크기가 달라지게 됩니다. 새해가 시작된 지 엊그제 같은데 벌써 한 달이 되어 가네요.

다가오는 설 명절 떡국 한 그릇씩 더 먹고, 2022년은 춘천 소방 가족 여러분 모두가 자신의 마음 그릇을 키우는 시간들이 되었으면 합니다.

춘천 소방서 직원 여러분! 코로나19 장기화로 전 국민 모두가 힘든 시기입니다. 각자 건강 관리 잘 하시고, 특히 현장 활동 시 안전 관리는 필수입니다. 파이팅하세요.

- 2022년 1월 27일/춘천 소방서장 주진복

〈기분 좋은 공감 메일 제2호〉
제목: '실패'는 '성공'을 위한 자양분

지난 2월 7일 중국 베이징 캐피털 실내 경기장에서 열린 2022 베이징 동계 올림픽 쇼트트랙 남자 1,000m 준결승 1조 경기에서 1위로 결승전을 통과한 강원도청 소속 황대헌 선수가 경기 중 인코스로 중국 선수들을 추월하는 과정에서 레인 변경이 늦었다는 심판진의 판단에 따라 실격 처리되어 메달 획득에 실패했습니다.
 이에 중국 네티즌들은 "황대헌이 반칙했다."라고 난리법석, 대한민국 국민들은 "적반하장도 유분수지. 자기네 선수가 반칙해 놓고 황대헌이 반칙했다 한다."라며 '억울함과 탄식'이 절로 튀어나왔습니다.
 여기서 황대헌 선수가 인스타그램에서 밝힌 심경을 공유하고자 합니다.
 황대헌은 미국의 '농구 전설' 마이클 조던의 명언 중 하나인 "장애물을 만났다고 반드시 멈춰야 하는 것 아니다. 벽에 부딪힌다면 돌아서서 포기하지 말라. 어떻게 하면 벽에 오를지, 벽을 뚫고 나갈 수 있을지, 또는 돌아갈 방법이 없는지 생각하라."라는 글을 올렸습니다.

저를 포함해서 사람은 누구나 많은 실패를 경험하면서 살아가고 있지만, 그 실패는 성공을 위해 지름길을 알려 주는 경험이며 자양분(滋養分)이랍니다.

쇼트트랙 황대헌 선수의 심경처럼 우리 춘천 소방 가족 여러분 모두 가정에서나 직장에서나 실패를 두려워하지 말고 자신과 가족 여러분 모두의 성공을 위해, 더 나아가 행복하고 건강한 삶을 위해 스스로가 목표한 대로 결과물이 나오도록 노력하시자고요. 오늘도 수고 많이 하세요.

- 2022년 2월 8일/춘천 소방서장 주진복

〈기분 좋은 공감 메일 제3호〉
제목: '오미크론' 조심하자구요

직원 여러분! 최근 2년 동안 코로나19 감염병의 확산으로 우리 소방 가족뿐만 아니라 전 국민이 힘들어했는데, 오미크론이라는 변이 바이러스 출현으로 엎친 데 덮친 격이 되어 버렸습니다. 위드 코로나 시대가 다가오는 듯하면서 오지 않네요.

직원 여러분! 조금만 더 참고 견뎌 봅시다. 좋은 날이 오겠지요. 몇 가지만 당부드리오니 우리 함께 지켜 나가요.

1) 오미크론 증상 시 자발적 신속항원검사 실시하자
2) 휴무일 대면 사회 활동(운동 등) 최소화하자

3) 직장 동료 상호 간 회식 등 사적 만남 자제하자

4) 마스크 착용 생활화(직장, 가정, 사회)하자

* 오미크론의 5가지 주요 증상(공유)

1) 식은땀: 밤이 되면 옷이 흠뻑 젖을 정도

2) 발진: 손과 발에 땀띠같이 가려운 발진이 며칠 또는 몇 주간 지속

3) 감기와 비슷: 심한 피로감과 열, 심한 두통과 근육통 증세

4) 동상과 비슷: 손발가락, 얼굴, 다리 등에 작은 돌기가 나타나 따끔거림

사람이 일정한 일을 꾸준히 2주 동안만 계속하다 보면 그것은 습관으로 변한다고 합니다. 좋은 것이든, 나쁜 것이든 "습관은 나를 구성하는 것이며, 나의 가치를 드러내는 것이다."라고도 합니다. 직원 여러분! 제가 위에서 당부드린 4가지 사항을 좋은 습관처럼 길러 보면 어떨까요?

- 2022년 2월 14일/춘천 소방서장 주진복

〈기분 좋은 공감 메일 제4호〉
제목: '빨리빨리 문화'의 의미를 되새겨 본다

나는 우리 직장 동료들에게 크고 작은 재난 현장에 출동하거나 소방 활동을 할 때 '빨리빨리'에 흔들리거나 현혹되지 말고 조금의 여유(餘裕)를 가지고 대응을 하자고 이야기한다. 신속성을 요구하는 소방

업무의 특성상 일순간에 확 바꾸기는 어렵겠지만, 지속적으로 변화를 모색해야만 한다. 그 이유는 무엇일까? 동료 직원들 안전사고 예방이 최우선이기 때문이다.

그래서 우리 직장에서는 과거의 주요 안전사고 사례를 내부 시스템으로 매일 공지를 해서 전 직원이 공유하며 안전 습관을 체득화하면서 마음을 다스려 나가고 있다.

여기서 우리나라 '빨리빨리 문화'의 의미를 되새겨 보고자 한다. 한국에 유학이나 직장 문제로 살게 된 외국인들이 제일 처음 놀라는 점은 바로 '너무 빠른 삶의 속도'라고 한다. 가령 엘리베이터 닫힘 버튼을 계속 누르는 행위, 웹사이트가 3초 안에 안 열리면 닫는 행위, 음식 주문하면서 수저 놓고 준비 완료 등은 외국인이 보기에는 신기한 것이다.

대한민국은 '빨리빨리 문화' 덕에 한국 전쟁 이후 폐허가 되었던 경제가 급속하게 성장할 수가 있었고, 로켓배송·치타배달과 같이 빠른 서비스를 제공하여 삶의 편리함도 높여 주었다.

그러나 이 '빨리빨리 문화'의 조급성에 기인한 대표적인 것이 1994년 성수대교 붕괴와 1995년 삼풍백화점 붕괴 사고로 공기를 단축하기 위한 부실공사가 원인이었다고 하며, 최근 들어서는 금년 1월 광주 서구 화정동 신축아파트 붕괴 사고를 예로 들 수가 있다.

이러한 대형 참사는 어느 개인이나 특정 집단의 잘못에서 비롯된 것이 아니라, 우리 사회 전반에 깔려 있는 안전 불감증과 총체적 부실에서 비롯되었다고 할 수 있다.

여기서 《논어(論語)》 '자로편(子路篇)'에 나오는 고사성어를 소개한다. 공자의 제자 중 한 사람인 '자하(子夏)'가 거보라는 고을의 태수가 되면서 공자에게 정치하는 방법을 물었다.

이에 공자가 답하기를 '욕속부달(欲速不達) 욕교반졸(欲巧反拙)'이라 했다. 급하게 서두르면 일이 성사되기 어렵고, 너무 잘하려고 하다가는 오히려 일을 그르친다는 것이다.

이와 관련하여 소방공무원 직종은 현장 출동 시에 '빠른 탑승, 빠른 출동, 빠른 진입'으로 인명을 구조하고 재산 피해를 줄여야 하는 신속성을 요구하는 직업이다.

소방청 통계에 의하면 최근 10년간 전국 소방공무원 순직자는 49명(연평균 5명), 공상자는 5,672명(연평균 567명)이 발생하였다.

이렇게 순직·공상자가 많이 발생했던 이유는 신속성과 결과만을 강조한 나머지 중간 과정인 정확성(안전성)이 부족했던 것이다.

이에 최근 들어 소방청 및 강원도 소방본부에서는 현장 대원 안전사고 및 소방차 교통사고 예방 시스템 도입, 안전사고 예방 교육 훈련 강화 등 다양한 안전 관리 시책을 추진하고 있다.

그러나 이와 같은 새로운 제도나 정책도 중요하지만, 그 무엇보다도 우리 사회 곳곳에 깔려 있는 기존의 관행, 잘못된 안전 습관을 올바른 습관으로 바꿔 나가는 것이 가장 중요하다고 할 것이다.

- 2022년 2월 24일/춘천 소방서장 주진복

〈기분 좋은 공감 메일 제5호〉
제목: 말 말 말! 말의 중요성

직원 여러분! '말'이란 뭘까요? 국어사전을 찾아보았습니다. '사람의 생각이나 느낌 따위를 표현하고 전달하는 데 쓰는 음성 기호'로 정의가 되어 있습니다. 모든 인간관계는 대화로 이루어지는데 가족이나 교우 관계는 물론 이성 교제를 할 때나 사회생활을 할 때, 말은 사람의 마음과 마음을 맺어 주는 다리 역할을 하게 됩니다. 특히 직장 사회에서는 무심코 뱉어 낸 말 한마디 때문에 동료들 간에 오해가 생길 수도 있고 상사와 부하 직원과의 관계가 껄끄러워질 수도 있습니다. 여기서 말의 중요성에 대해서 함께 생각해 봅시다.

애니메이션 〈겨울왕국〉의 주인공 엘사는 태어나면서부터 신비한 능력을 지닌 공주입니다. 그녀는 얼음을 자유자재로 만들 수 있는 초능력을 가지고 있죠. 어린 엘사는 초능력을 사용해 동생 안나와 즐겁게 놀다가 실수로 안나를 다치게 합니다. 본의 아니게 동생에게 상처를 입힌 엘사는 자신의 힘이 사랑하는 사람들을 해할 수 있다는 사실에 두려워하게 됩니다. 결국 엘사는 마음을 닫고 자기 방에 스스로를 가두게 됩니다.

우리가 순간적으로 잘못 뱉은 말은 엘사의 빗나간 초능력과 같습니다. 엘사가 초능력을 잘 사용하면 사람들을 즐겁게 해 줄 수 있지만, 잘못 사용하면 사람들을 다치게 하는 것처럼 말입니다. 우리가 말을 잘 하면 얼마든지 내 주변에 있는 사람들에게 사랑과 관심을 표현하고 행복을 줄 수가 있습니다. 하지만 나의 의도와는 다르게 빗나가 버린 말은 상대방의 뇌리에 박히고 가슴에 상처를 주게 됩니다.

'낙화난상지(洛花難上枝)'라는 말이 있습니다. "한 번 떨어진 꽃은 다시 가지에 달릴 수 없다."라는 뜻으로 이미 발생한 일은 되돌리지 못한다는 것을 비유하는 말입니다. 한 번 내뱉은 말은 역시 주워 담을 수 없다는 것과 같습니다.

잦은 말실수를 하는 사람들을 보면 어떤 숨은 의도가 있다기보다는 '말 감각'이 조금 세련되지 못해서 자신의 의도 중심으로 생각하다 보니 상대의 입장을 좀 더 세심하게 헤아리지 못해서일 것입니다.

작은 불씨가 큰 산불로 번지듯 내 입에서 나오는 작은 말이 큰 화를 일으킬 수 있다는 신중함과 특히 내가 영향력이 큰 사람이라고 한다면 내가 뱉어 내는 말이 어떤 영향을 끼치게 될까에 대한 귀중하고 소중한 생각과 마음을 담아 말을 해야 한다고 생각합니다.

세상에는 긍정의 말들이 무수히 많이 있습니다. "사랑, 칭찬, 배려, 격려, 용서, 행복, 기쁨, 존경, 존중, 수고, 신뢰, 믿음, 감동, 도전, 노력, 감사" 등등 잘 생각이 안 나네요. 직원 여러분들도 메모지에 긍정의 말들을 한 번씩 써 보세요. 그리 쉽지만은 않은 것 같아요. 이 수많은 긍정의 말들을 우리는 죽을 때까지 다 사용을 못 하겠죠!

직원 여러분! 우리가 어느 누구와 대화를 하든, 상대방에게 말을 할 때에는 3초만 상대편 입장에 서서 한 번 더 생각해 보고 그에 맞는 표현을 쓰면 어떨까요?

- 2022년 2월 25일/춘천 소방서장 주진복

〈기분 좋은 공감 메일 제6호〉
제목: 봄철 반복되는 재난 사고! 안전 의식 개선이 우선이다

만물이 소생하는 경칩(驚蟄)이 지났다. 봄의 기운이 솟구치는 소리에 엔데믹(Endemic), 즉 위드 코로나가 빨리 와서 지쳤던 시민들의 마음속에도 희망의 봄이 왔으면 한다.

일반적으로 화재는 겨울철에 많이 발생한다고 생각하지만, 알고 보면 봄철에 화재가 가장 많이 발생한다. 강원도 소방본부 통계에 따르면 최근 5년간(2017~2021년) 화재 발생률은 봄철 30.7%, 겨울철 30.3%, 여름철 20.1%, 가을철 18.9% 순으로 나타났다.

기상학적으로 봄철은 사계절 중 습도가 가장 낮으며, 다른 계절에 비해 바람도 강하게 불어서 화재의 위험에 많이 노출되는 계절로 화재로부터 경각심을 높여야 하는 시기이다.

'곡돌사신(曲突徙薪)'이라는 사자성어가 있다. 옛날에 한 나그네가 길을 가다가 굴뚝이 곧게 뻗고, 그 옆에 장작이 잔뜩 쌓여 있는 집을 보고, 집주인에게 "곧은 굴뚝을 구부러지게 만들고, 그 옆에 쌓인 장작을 멀리 옮기시오. 그렇지 않으면 화재가 일어날 것이오."라고 충고했다.

하지만 주인은 나그네의 말을 귀담아 듣지 않고 아무런 조치도 취하지 않았다. 얼마 뒤 그 집에 화재가 일어났다. 다행히 이웃 사람들의 도움으로 불을 끌 수 있었고, 자신의 생명을 구할 수 있었다.

주인은 이웃 사람들을 초대해 소를 잡고 술을 사서 잔치를 벌였다. 누군가 주인에게 "전에 나그네의 말을 들었다면 화재가 일어나지 않앉을 것이니 소를 잡을 것도 없고, 술을 살 필요도 없었을 것이오. 그런데 정작 굴뚝을 구부러지게 만들고 장작을 옮기라고 말한 사람은 대접하지 않고, 불에 덴 사람을 제일 윗자리에 앉혀서야 되겠소?"라고 했다.

집주인은 그제야 잘못을 깨닫고 나그네를 불렀다는 이야기로 송나라 때 사마광(司馬光, 1019~1086)에 의해서 쓰인 《자치통감》에 나온 이야기이다.

이 사자성어는 사전에 적절한 조치를 해서 화재 사고를 미리 예방하라는 말이다. 따라서 우리는 '소 잃고 외양간 고치는 일'이 없도록 봄철 화재 예방에 대한 선제적인 준비가 필요하다.

유의 사항 몇 가지를 제시해 본다. 먼저, 산불 예방이 가장 중요하다. 지난 3월 4일 경북 울진에서 시작해 강원 삼척까지 번진 대규모 산불과 3월 5일 강원 강릉시 옥계면 주택에서 시작한 불이 산으로 번져 망상에 이어 동해까지 확산되어 많은 이재민을 만들고 산림이 초토화되었다. 아직도 전국적으로 크고 작은 산불이 지속적으로 발생하고 있다.

이제 날씨가 따뜻해지면 야외 활동 인구 증가와 함께 산행을 하는 사람이 더 많아질 것이다. 산에서의 취사 행위와 흡연 행위는 절대 삼가야 한다. 또한 무심코 버려진 담배꽁초가 수십 년 가꾸어 온 산림을 하루아침에 잿더미로 만든다는 사실을 알고, 입산 시에는 인화성 물질을 아예 소지하지 말아야 한다.

특히 농사철이 되면서 산림 근처에서 논두렁, 밭두렁을 태우는 행위는 절대 하지 말아야 하겠다. 불씨가 날려 순식간에 주택이나 야산에 옮겨 붙을 수 있기 때문이다.

두 번째, 건설 공사 현장 안전 대책이 필요한 시기이다. 동절기 중단됐던 각종 건설 공사 현장이 본격적으로 가동이 되면서 용접 작업으로 인한 화재와 추락 등 안전사고가 우려되는 만큼 안전 관리에 만전을 기해야 하겠다. 특히 용접 작업 시에는 작업 반경 5m 이내에 소화기를 비치해 두고, 반경 10m 이내에는 가연물을 쌓아 두지 않는 기본적인 수칙을 반드시 지켜야 한다.

세 번째, 코로나19로 인하여 각종 행사 개최가 줄어들기는 하겠지만, 소규모 행사도 안전 관리가 절대적으로 필요하다고 하겠다.

봄철은 따뜻한 기온으로 코로나19로 지쳤던 캠핑 인구가 증가할 것으로 예상이 되며 또한 한식, 석가탄신일, 어린이날 등 야외 행사가 많고 자치단체별로 다양한 축제가 많은 시기인 만큼 불특정 다수인이 운집하는 행사장의 안전 점검이 각별히 요구된다.

마지막으로, 우리가 살고 있는 각 가정에서의 화재 위험 요소를 제거해야 한다. 가정에서 발생하는 화재 원인 중 가장 많은 것은 음식물 탄화와 전기적 단락이다. 문어발식으로 사용하는 콘센트와 가스레인지 음식물 과열은 대표적인 주택 화재의 원인이다.

봄의 기운을 받아 평소 손이 잘 닿지 않는 곳의 먼지 제거와 노후 콘센트 등 전기제품의 교체, 그리고 주방의 가스 자동 차단기 점검도 꼭 챙겨 보아야 하겠다.

금년 봄철에 발생하고 있는 대형 산불은 물론 각종 안전사고의 주요 원인은 우리 사회 곳곳에 잠재해 있는 안전 불감증과 안전 의식 결여에 있다. 이제 국민들 스스로 안전에 대한 경각심을 다시 한번 되새기는 전환점이 되기를 기대해 본다.

\# 영동 지방 산불 대응 지원 나가셨던 직원 여러분과 현재까지도 산불 대응에 고생을 하고 계시는 직원 여러분의 노고에 감사드립니다.

\# 산불이 빨리 진화되기를 춘천 소방 가족 모두가 기원드립니다.

- 2022년 3월 8일/춘천 소방서장 주진복

〈기분 좋은 공감 메일 제7호〉
제목: 화마(火魔)가 휩쓸고 간 지역에 나무를 심자

'역대 최대 피해·최장기' 기록을 남기며 잿더미가 된 울진·삼척 그리고 동해·강릉 등 동해안 지역은 피해 면적이 눈덩이처럼 불어났고 피해 규모도 과거에 비해 걷잡을 수 없이 커졌다.

산불의 직접적인 원인은 부주의한 인재(人災) 등 여러 원인이 있겠지만, 그와 더불어 지구 온난화가 계속되면서 건조한 산림, 강한 바람 등 기상이변 등으로 인해 곳곳에서 산불이 발생하기 쉬운 환경이 형성되고 있음을 알 수가 있다.

우리가 기후 변화의 영향은 어쩔 수 없다고 하더라도 산불 피해 확대를 막고 잿더미가 된 귀중한 산림을 복구해 미래 후손들에게 남겨주기 위해서는 보다 근본적이고 장기적인 대응책 마련이 필요하다.

우리 모두 다가오는 식목일(4월 5일)의 의미를 되새겨 보자. 식목일은 과거 공휴일이었던 시절 나무 심기 등 자연환경과 관련된 다채로운 행사들이 많이 벌어졌지만, 2006년 공휴일에서 제외된 이후 행사 등이 축소되고 그 의미가 퇴색되어 가고 있다.

6.25 전쟁 당시 벌거벗은 산이 많아 산사태나 홍수 등 자연재해가 잦았으며, 일제 강점기에 빼앗긴 산림 자원을 회복하기 위해 식목일을 지정하여 나무를 심게 되었다고 한다.

나무는 공기 중의 이산화탄소를 흡수하고 신선한 산소를 배출한다. 이는 지구 온난화를 늦추는 것은 물론 미세먼지를 줄이는 효과도 있다.

이외에도 나무는 수많은 동식물에게 보금자리와 먹이를 제공해 주고 또한 비와 바람에 지표면의 토양이 깎여 나가는 유실 현상을 막아주어 산사태 발생을 예방해 주기도 하는 아주 귀중한 자원인 것이다.

현재 우리나라는 전 국토의 63%가 산림인데 이 중 산림의 약 25%는 화재에 취약한 침엽수인 소나무로 구성되어 있다. 소나무는 잎과 가지에 테르핀 등 정유 물질을 함유하고 있어서 불에 잘 탈 뿐만 아니라 산불 대형화의 주요인으로 꼽힌다.

엄청난 양의 탄소를 배출하는 산불 피해를 최소화하기 위해서는 불에 견디는 힘(내화성)이 강한 참나무 등 활엽수 식재를 늘려 산림을 좀 더 다양한 수종으로 바꿔야 한다는 전문가들의 지적이 많다.

고사성어에 '고식지계(姑息之計)'라는 말이 있다. "재난이나 사고가 발생하고 난 후에야 그 문제의 근본적인 해결책이 아닌 그 순간만을 회피하기 위해 현실성 없는 대책을 내놓는 것", 즉 화마가 휩쓸고 지나간 산림에 소나무 같은 침엽수림을 다시 식재를 한다면 땜질식 처방밖에는 되지 않는다는 것이다.

특히 강원도는 전체 면적의 82%가 산림으로 둘러싸여 있으며 동해안 지역에는 침엽수 인 소나무가 빽빽하게 들어서 있다.

매년 봄철이 되면 산불이 잦고 큰 피해가 집중되는 강원도 영동 지역의 수종 갱신은 선택이 아닌 필수 조건인 것이다.

다가오는 식목일을 맞이하여 강원도 산림의 생태 복원을 위해 우리 모두 나무 심기에 동참해 산불 확대의 악순환을 끊어 낼 수 있기를 기대한다.

- 2022년 3월 23일/춘천 소방서장 주진복

〈기분 좋은 공감 메일 제8호〉
제목: 나쁜 습관 극복 방법

직원 여러분! 오늘은 습관에 대해서 함께 공유하고자 해요. 습관의 정의를 찾아보면 "같은 상황에서 반복된 행동의 안정화 또는 자동화된 수행"으로 되어 있더라구요.

결론적으로 "습관은 반복 행동이며 의식해서 하는 행동이 아니고 무의식적으로 하는 행동이다."라는 겁니다. "세 살 적 버릇이 여든까지 간다."라는 속담을 들어 보셨을 겁니다. 세 살 적 습관이 무의식적으로 여든까지 간다는 거죠. 우리 사람의 뇌는 반복되는 행동 패턴을 기억해서 습관 회로를 만든다고 합니다. 이 습관 회로를 만드는 것이 대뇌에 있는 '기저핵'이라는 놈으로 무의식적인 움직임을 조절하는 기능을 갖고 있습니다.

그러면 이 습관의 고리는 어떻게 작동되는지 보겠습니다. 습관은 신호, 반복 행동, 보상의 3단계로 형성이 된다고 합니다.

직원 여러분! 이해되시죠. 이렇게 나쁜 습관 회로에 걸려들면 빠져나오기가 힘들다는 것입니다. 자, 그러면 어떻게 하면 나쁜 습관을 좋은 습관으로 바꿀 수 있을까요? 고민이 됩니다. 나쁜 습관 극복 방법 세 가지만 소개해 볼게요. 이 또한 쉽지는 않다고 해요.

첫 번째, 자각(自覺)입니다. 본인 스스로 깨닫는 것, 우리 인간들이 평소에는 생각 없이 살아가기 때문에 본인의 나쁜 습관을 깨닫고 인지하는 것은 쉽지가 않다고 합니다. 그럼, 언제 본인의 나쁜 습관을 깨달을 수 있을까요? 저(19년 11월 뇌 수술)처럼 병이 온 다음에 많은 것을 느끼게 되죠.

두 번째, 열망(熱望)입니다. 열망은 습관을 바꾸어 주는 원동력입니다. 내가 진정으로 원하는 것이 무엇인지를 고민하고 또한 간절히 원하는 마음이 있어야 한다고 합니다. 그리고 결심과 결단을 내려야겠죠.

세 번째, 끈기가 있어야 합니다. 끈기는 습관을 굳히는 접착제라고 할 수 있습니다.

직원 여러분! 앞으로 나쁜 습관 극복하는 세 가지 방법을 기억하고 행동으로 실천하시기를 기대해 봅니다. 저도 무한히 노력하고 있답니다.

- 2022년 3월 29일/춘천 소방서장 주진복

〈기분 좋은 공감 메일 제9호〉
제목: '조립식 가족'을 아시나요

직원 여러분! 저는 "우리 소방 조직 구성원은 가족과 같다."라고 늘 이야기합니다. 왜냐구요? 국민들께 봉사하는 목표점이 같기 때문이라고 감히 말씀드릴 수 있을 것 같습니다.

최근에 집안에 좀 아픈 사람이 있어서 '가족'이란 뭘까 하고 나 홀로 생각하다가 인터넷 검색을 좀 해 보았습니다. 검색 중 '조립식 가족'이라는 용어를 발견했습니다. 뭔가 하고 봤더니, 금년 3월 23일부터 tvN에서 방영되고 있는 드라마 제목이더라구요.

본래 우리가 알고 있는 가족의 의미는 혈연·혼인 등으로 관계되어 함께 일상의 생활을 공유하는 사람들의 집단 또는 그 구성원이라고 말하죠.

그런데 '조립식 가족'이라는 의미는 실제 가족은 아니지만 필요에 의해 가까운 사람들끼리 모여서 함께 생활하는 신개념 가족이라고 합니다.

저는 이 조립식 가족이 우리 소방 조직에 딱 어울리는 것 같습니다. 타인이 소방공무원이라는 매개체를 통해 한 조직의 구성원으로 모여서 국민께 봉사하는 공동의 목표를 가지고 생활해 가는 집단이기 때문이죠.

여기서 강조를 하고 싶습니다 우리 소방 조직의 구성원은 조립식 가족으로서 생활 도중 때로는 티격태격 삐그덕거릴 때도 있겠지만, 모두가 국민들께 봉사하는 공동의 목표와 지향점을 가지고 생활하는 만큼 서로 다름을 인정하고 그 차이를 줄이려고 노력해야 한다고 생각합니다.

새봄을 맞이하여 저를 비롯한 모든 직원 분들께서는 동등한 사업 파트너(대국민 봉사)로서 상호 존중하고 신뢰할 수 있는 춘천 소방서를 만들어 갔으면 합니다. 간절히~

- 2022년 3월 30일/춘천 소방서장 주진복

〈기분 좋은 공감 메일 제10호〉
제목: 가정과 직장, 그 어느 곳에서든 안전을 실천하자

직원 여러분! 오늘은 장난이 허락되는 하루, 4월 1일 만우절이네요. (만우절! 안전 실천은 거짓말 아니에요. ㅎㅎ ⇒ 미소 짓는 장난은 괜찮아요.)

만우절이 어떻게 시작되었는지 혹시 아시나요? 매년 4월 1일에는 악의 없는 가벼운 장난이나 거짓말로 상대를 속이는 풍습이 있는 날로, 유래에 대한 여러 가지 설이 있는데 서양에서는 이날 속아 넘어간 사람을 '4월의 바보(April fool)' 또는 '푸아송 다브릴(poisson d'avril)'이라고 부른답니다.

푸아송 다브릴은 4월의 고등어라는 뜻인데 당시 4월에 고등어가 유독 잘 낚이더라는 것에서 유래했다고 합니다.

직원 여러분! 환절기 건강 관리 잘 하시기 바라구요, 지난 1분기 동안 코로나19 확진 응급 환자 이송, 주거시설 화재 및 산불 등 각종 재난 대응에 수고가 많으셨습니다.

우리 춘천 소방서에서는 지난 겨울철 소방 안전 대책 평가에서 좋은 평가를 받아 강원도 수부도시 소방서의 자존심을 지켰습니다. 이는 기본 업무에 충실했기 때문이 아닌가 생각이 듭니다.

현재 봄철 소방 안전 대책 기간으로 여러 가지 시책을 추진하고 있지만, 특히 시민들에게 "소화기 비치(기본부터 하십시오.)는 필수이고 주택 화재 예방은 소화기 한 대가 소방차 한 대보다 효과가 뛰어납니다."라고 지속적으로 홍보를 하고 있습니다.

제가 당부드리고 싶은 말씀은 시민들에게 "기본부터 하십시오." 하듯이 소방의 기본 업무 중에 가장 우선이 뭐겠습니까?

네. 바로 우리 스스로의 안전을 지키는 것입니다. 소방관이 안전하고 건강해야 시민의 귀중한 생명도 지킬 수 있다는 것을 가슴속에 항상 새겼으면 합니다.

2분기가 시작되는 신록의 계절! 4월부터는 조그마한 안전사고도 발생되지 않도록 저를 포함 춘천 소방 모든 직원 여러분께서 가정에서나 직장에서나 안전을 실천하는 모범생으로 거듭나기를 기원 또 기원해 봅니다.

- 2022년 4월 1일/춘천 소방서장 주진복

⟨기분 좋은 공감 메일 제11호⟩
제목: 안전한 봄철 산행! 철저한 준비가 답이다

 겨울이 지나고 어느덧 만물이 소생하는 봄의 달 4월은 그동안 꽃샘추위로 심술을 부리던 동장군이 물러가고 완연한 봄 날씨가 시작되는 달이다.
 나무에 새순이 돋아나고 땅에서는 풀들의 새 생명이 꿈틀거린다. 사람들 마음에도 봄이 온다.
 그동안 코로나 사태로 나들이를 못한 사람들 모두가 산이나 바다를 찾아서 봄맞이 여행을 떠나려 한다. 이와 관련해 사람들은 단체로 즐기는 활동 대신 개인적으로 사람이 많지 않은 가벼운 산행을 즐기는 방법에 관심이 늘고 있다.
 얼었던 땅이 서서히 풀리는 해빙기에 안전한 산행을 위해서는 안전 수칙 준수가 필수적이다.
 최근 3년간(2019~2021년) 강원도 내 산악 사고는 4,475건으로 2,333명(사망 61명, 부상 2,272명)의 사상자가 발생하였다. 사고 원인별로 보면 낙상·추락이 1,172건(26%)으로 가장 많았고 이어서 조난(12%), 무리한 산행(11%) 순이었다.
 '산'은 우리의 삶에서 매우 중요한 역할을 한다. 빽빽한 나무들로 둘러싸인 산은 지구 온난화를 늦추게 하고 또 일상생활에서 지친 사람들에게 맑은 공기와 자연 풍경을 직접 느끼게 해 주는 등 휴식을 취하게 해 주는 마음의 안식처인 것이다.
 사람들은 건강을 위해서도 산을 많이 찾는다. 그러나 건강을 위해 찾는 산에서 오히려 건강을 잃는다면 과연 무슨 의미가 있겠는가. 준비 없이 떠나는 산행은 돌이킬 수 없는 위험에 노출될 수가 있다.

안전한 산행을 위해서는 산행 전 준비 사항과 산행 중 응급 상황 시 주의 사항을 사전에 익혀서 사고를 미리 막아야 한다.

먼저, 산행을 하기 전에 자신의 몸 상태나 날씨를 반드시 확인하고 하루 산행 시간은 가급적 8시간 이하의 코스로 선택을 해야 하며 일몰 2시간 전에는 하산을 할 수 있도록 일정을 잡아야 한다.

또 산행 중 탈수 방지를 위해 물과 간식은 반드시 준비하고 간단한 비상약과 바람막이 등 보온 의류, 스마트폰 여유 배터리, 휴대용 손전등 등도 준비해야 한다.

산행 중에는 라이터 등 인화 물질 소지 및 취사, 흡연 등의 산불 원인이 되는 행동은 삼가해야 하며, 또한 등산 스틱을 이용해 정해진 등산로만 걸어야 하고 낙엽 쌓인 곳은 미끄러울 수 있으니 주의해야 한다.

특히 조난 사고에 대비해 산행 중 설치된 국가지점번호나 산악 위치 표지판을 촬영해 내 위치를 파악해 놓고, 경사진 곳과 바위벽 아래를 지날 때에는 낙석도 조심해야 한다.

만약에 넘어져 발을 삐는 경우나 벌, 뱀에 물리는 등 응급 상황 발생 시에는 소지한 비상 의약품으로 응급처치와 함께 119에 신속하게 신고하거나 국립공원관리공단 등 관련 기관의 도움을 받아야 한다.

즐겁고 안전한 산행을 위해서는 철저한 준비만이 사고를 예방할 수 있는 지름길이다.

- 2022년 4월 5일/춘천 소방서장 주진복

〈기분 좋은 공감 메일 제12호〉
제목: 더불어 사는 세상을 위해 어떻게?

우리는 살면서 수많은 사람들과 관계를 맺고 대화를 하며 소통을 합니다. 그러면서 마음 맞는 사람과 어려움 없이 교류하고 즐겁게 이야기 나눌 수 있다면 좋겠지만, 현실은 그렇게 쉽지만은 않은 것 같습니다.

때로는 우리가 세상과 소통하면서 이해할 수 없는 사람을 만날 때도 있습니다. 아무리 노력해도 가까워질 수 없을 것만 같은 사람 말입니다.

이때 우리는 이해하기를 포기하고 타인을 모른 척하는 간편한 방법을 선택하기도 합니다(신경 쓰기 싫어서 등 여러 가지 이유로).

하지만 중요한 것은 상대방을 포기하기보다는 '이해하려는 과정'이 필요할 것 같습니다. 이 과정에서 우리는 상대의 이야기를 주의 깊게 듣고 그 사람의 입장에서 상황을 다시금 바라보려고 노력하며 그를 배려하게 되는 것입니다.

서툴러도 괜찮습니다. 어떻게든 상대를 이해해 보고자 하는 노력과 배려가 더불어 사는 세상에 한 발짝 더 다가설 수 있는 길이라고 생각합니다.

우리가 대화를 할 때에는 아무 생각 없이 입에서 나오는 대로 말하지 말고 '역지사지(易地思之)의 지혜'를 활용하는 습관을 길러 보면 좋을 듯합니다.

"상대편 입장이라면 어땠을까?" 한 번 더 고민해 보고 말을 하는 것입니다. 이것이 우리 삶에 있어서 아주 중요한 덕목이 아닌가 질문을 던져 봅니다.

- 2022년 4월 8일/춘천 소방서장 주진복

⟨기분 좋은 공감 메일 제14호⟩
제목: 신호-반복 행동-보상(뭔지 아시죠!)

인간 행동 연구 전문가인 웬디 우드는 우리 삶에서 평균 43%가 습관으로 이루어져 있다고 주장합니다. 또 우리의 뇌가 습관을 만드는 이유는 두뇌 활동을 절약할 방법을 끊임없이 찾기 때문이라고도 합니다.

우리의 뇌는 어떤 자극도 주지 않고 가만히 내버려 두면 일상적으로 반복되는 거의 모든 일을 습관으로 전환시키려 한답니다. 왜? 습관이 뇌에게 휴식할 시간을 주기 때문이죠.

오바마는 대통령 시절 주로 푸른색이나 회색 양복을 입었다고 하며, 사람이 걷거나 먹는 것 등 기본적인 행위를 하는데 에너지를 줄이면 남는 정신 에너지를 새로운 곳에 쓸 수 있게 됩니다.

이처럼 어떤 습관이 형성되면 뇌가 의사결정에 참여하는 활동을 완진히 중단히기 때문에 좋은 습관을 기르고, 나쁜 습관을 고치기 위해서는 의식적인 노력이 필요하다는 것입니다.

우리가 좋은 습관을 들이지 못하는 까닭은 대부분의 사람이 눈앞의 보상에 굴복하기 때문입니다. 식사를 하고 나면 입 속이 텁텁하다는 느낌, 즉 신호가 옵니다.

그러면 화장실에 가서 양치질을 하는 반복 행동을 하고, 입 속이 개운해지는 보상이 주어지는 것처럼 아주 작은 습관에도 습관의 연결고리는 반드시 작동합니다.

제가 지난주 직장 교육 때 습관에 대해서 조금 이야기한 적이 있습니다. 습관은 대뇌의 '기저핵'이라는 부분에서 활성화가 되는데, 미국 매사추세츠 공과대학교의 앤 그레이빌 교수팀이 "뇌의 습관회로에 관한 연구"에서 대뇌피질 안쪽에 있는 대뇌 기저핵이 습관과 관련이 있음을 밝혀냈습니다.

모든 습관은 '신호-반복 행동-보상'의 3단계로 이루어진다고 합니다. 우리가 나쁜 습관을 바꾸려면 반복 행동과 보상을 바꿔 주면 쉽게 해결할 수가 있는데, 반복 행동은 다른 행동으로만 대체하면 되지만 보상을 설정하는 것은 굉장히 어렵다고 합니다.

직원 여러분! 우리 다 함께 "Bos 법칙(Brain Operating System)"을 활용한 습관 만들기에 동참해요.

첫 번째, 정신 차려라(우선 자신이 가지고 있는 나쁜 습관을 인지하고 좋은 습관을 기르겠다는 굳은 결심).

두 번째, 굿 뉴스가 굿 브레인을 만든다(좋은 정보가 긍정적인 선택을 하는 좋은 뇌를 만든다).

* 예) 나는 의지력이 약해.

세 번째, 선택하면 이루어진다(만들고 싶은 좋은 습관을 적어 본다).

* 예) 나는 무엇이든 해결할 수 있는 능력이 있다.

네 번째, 시간과 공간의 주인이 되어라(단순하지만 확실한 보상을 스스로에게 해 준다).

* 예) 퇴근 후 운동하고 샤워 후 맥주 마시며 TV 시청하는 충실한 보상(계획에 따라)

다섯 번째, 모든 환경을 디자인하라(단계를 세분화하고 쉽게 시작할 수 있는 환경 만들기).

* 예) 아침에 일어나 스트레칭하기 좋게 미리 매트를 깔아 놓는 것

- 2022년 4월 26일/춘천 소방서장 주진복

〈기분 좋은 공감 메일 제15호〉
제목: '건강한 자아상(自我像)'을 위해

사람에게는 '자아상'이라는 게 있다고 합니다. 국어사전에 의하면 자신의 역할이나 존재에 대하여 가지는 생각, 즉 내가 나를 어떤 사람(긍정적 or 부정적)으로 인식하느냐가 바로 '자아상'이라고 합니다.

사람은 누구나 신(神)이 아닌 이상 가정과 직장 그리고 사회생활을 하면서 갈등을 겪게 됩니다. 특히 직장에서 선·후배 동료 직원 간 갈등으로 극심한 스트레스를 받는 경우가 많이 있습니다.

만약에 나를 싫어하는 동료가 있다면 여러분은 어떻게 하시겠습니까?

일단, 나를 왜 싫어하는지(나이·계급 불문) 이유에 대해서 알아보려고 노력하시나요? 아니면 그냥 스트레스 받으면서 참고 견디시나요?

대부분은 후배 직원들이 스트레스 받으면서 인내하는 경우가 많을 것 같아요. 이는 계급 체계의 특수성 때문이 아닌가 생각을 하구요,

저의 경우를 한번 생각해 보면, 인간관계에서 갈등이 없었다면 거짓말이겠죠. 제가 타인과 갈등이 생겼을 때 헤쳐 나가는 방법은 어떻게든 관계를 좋게 하려고 설득을 하고, 때로는 협박(ㅎㅎ농담)도 했겠죠.

자, 그래도 관계 회복이 불가능하다고 판단될 때에는 어떻게 해야 되지요?

두 가지 방법이 있어요. 하나는 공론화시키는 겁니다. 사람 관계는 결국 작용, 반작용이고 어느 정도 힘의 균형을 맞춰주는 게 필요하죠.

공식적인 자리에서 문제 제기를 하는 겁니다. 그렇다고 싸우라는 이야기는 아니구요, 부당하게 공격받지 않도록 나를 지키라는 겁니다.

공론화시켰는데도 불구하고 갈등 해결이 안 될 때, 두 번째 방법은 여러분의 사람 관계 목록에서 지우세요.

누군가가 나를 좋아하지 않을 때 내가 상대방에게 최선을 다하면 그 사람의 마음과 생각을 바꿀 수 있을 거라는 생각은 '오만'이라고 전문가는 이야기합니다.

내가 내 마음도 잘 다스리지 못하는데, 어떻게 다른 사람의 생각과 마음을 바꾸겠습니까?

살다 보면 내가 선량한 의도를 갖고 상대에게 최선을 다해도 나를 싫어하는 사람들이 있습니다. 고민하지 마십시오. 사회생활 하면서 나를 좋아하는 사람이 더 많나요? 싫어하는 사람이 더 많나요? 나를 싫어하는 몇몇 사람 때문에 괴로워할 필요가 없다는 겁니다. 내 자신

이 누군가로부터 좋은 사람이라는 사실을 증명할 이유도 없다고 해요.

왜냐하면 누군가와 사이가 나쁜 나도, 누군가가 싫어하는 나도 모두 '나'라는 존재이기 때문이죠.

그 무엇보다 내 자신이 얼마나 소중한 가치의 존재인가를 스스로 깨달아야 하며, 앞서 이야기한 '자아상'의 균형(자신의 존재에 흔들리지 말자.) 확립 또한 중요하다고 합니다.

다 같이 노력해요.

- 2022년 5월 17일/춘천 소방서장 주진복

〈기분 좋은 공감 메일 제16호〉
제목: 내가 먼저 손 내밀게~

"나"라는 존재일 때는 고민할 필요도, 노력할 필요도 급하지 않다. 왜냐하면 나에 맞추면 되니까. 그런데 "너"라는 존재를 더하면 문제는 반전으로 달라지게 된다.

나에게 너를 맞추느냐.

너에게 나를 맞추느냐.

하지만… 답은 없다.

나든

너든

둘 중 하나가 비우지 않는 한

둘 중 하나가 배려하지 않는 한

둘 중 하나가 포용하지 않는 한

둘 중 하나가 용서하지 않는 한

"너와 나" 우리가 되는 것….

오늘은 나 먼저 너에게 손을 내밀어 본다.

나에게 너를 입히지도

너에게 나를 입히려 하지 말자.

그 순간 너와 나는 시선을 돌리게 되고

등을 보이며 걷게 될 테니….

나와 다른 너

너와 다른 나

인정하며

우리가 되어 가는 것일 것이다.

나의 손을

너의 손을

마주 잡게 되는 순간

우리가 된다.

"나와 너 그리고 우리가 될 때까지…."

- 2022년 5월 24일/춘천 소방서장 주진복

⟨기분 좋은 공감 메일 제18호⟩
제목: (책) 리처드 브랜슨 성공에 감춰진 10가지 비밀

 이 책의 저자는 리처드 브랜슨이 아니라 데스 디어러브이다. 그는 영국의 경영학 저널리스트 겸 경영 이론가로서 리처드 브랜슨을 분석하고 그의 성공 비결을 책으로 출판했다.
 리처드 브랜슨은 1970년 영국의 버진그룹을 창립하였다. 항공 사업, 미디어 사업, 관광 사업 등 6개 부문에서 수십 개의 계열사를 거느리고 있고 종업원의 수는 69,000명이다. 브랜슨은 항상 불가능한 것들을 도전으로 받아들였다.
 항공업계, 콜라 시장, 금융 서비스 업계에 후발 주자로 진입해서 대기업을 상대로 싸워 왔다. 즉, 골리앗에 맞서 싸운 다윗의 역할을 즐기고 있다.

1. 실력자를 상대로 겨루어라.

 거대 기업을 경쟁 상대로 선택하는 것이 버진 철학 제1조이고 브랜슨을 성공으로 이끈 열쇠이다. 다윗과 골리앗에서 다윗 역할을 함으로써 십자군 망토를 두르고 대중들을 따르게 했다.
 다만, 예전에는 대기업이 독점 및 횡포를 함으로써 다윗의 출몰을 허용했을지라도 지금은 대기업 역시 이미지 관리 및 친근한 브랜딩을 잘하여 그 전략이 쉽지 않을 것 같긴 하다.

2. 히피처럼 행동하라.

브랜슨의 자유분방한 스타일과 비순응주의적인 태도 때문에 사람들은 그를 '히피 자본가'라고 부른다.

역시 사람들은 실체 있는 또라이를 좋아하는 것 같다. 돈이 많은 사업가인데 자유분방한 히피라고 하니 좋아할 만도 하다.

3. 흥정하기: 모든 것은 협상이 가능하다.

리처드 브랜슨에 대해 덜 알려진 능력 가운데 하나는 노련한 협상 기술이다. 협상 앞에서는 여우 또는 뱀 같다고도 할 수 있다.

중요한 협상을 성사시키거나 거절할 때에는 변호사 뒤에 숨기도 했다. 합법적인 범위 내에서 모든 카드를 이용해서 협상한다.

4. 재미있게 일하라.

즐거운 업무 문화를 만드는 것은 유능한 사람들에게 동기를 부여하고 또 이들을 확보할 수 있는 지름길이다.

그것은 또한 당신이 그들에게 봉급을 많이 주지 않아도 된다는 뜻이다. 다만 이 부분은 오해하지 않길 바란다.

급여를 많이 주기 싫다는 것이라기보다는 급여가 적어도 직원들을 행복하게 해 주는 것이 즐거운 업무 문화라는 것이다.

내가 가장 좋아하는 부분이다 고객뿐만 아니라 나의 직원까지도 즐겁게, 행복하게 만드는 일. 내가 리처드 브랜슨으로부터 꼭 배우고 싶은 정신이다.

5. 브랜드를 더럽히지 마라.

브랜드 관리에 주의를 기울이면 그 가치는 지속될 것이다. 버진이 한 상품에 이 브랜드를 붙일 때 마다 이것은 고객에게 하는 약속을 의미했다.

그리고 약속은 하는 것보다 지켜 나가는 게 더 어렵고 거기에는 어떠한 비법도 없다고 한다. 원칙을 고수하는 것이 약속을 지키는 것이라고 한다.

6. 카메라를 향해 웃어라.

매스컴의 관심을 끄는 것이 판매를 촉진시키는 가장 효과적인 방법이다. 신문이나 잡지에 브랜슨의 사진이 실릴 때마다 버진 브랜드는 광고되고 있다.

7. 양 떼를 인도하지 말고 고양이 무리를 이끌어라.

브랜슨은 그가 이끄는 대로 사람들이 맹목적으로 따르게 하기보다는 도전할 수 있는 환경을 조성함으로써 한 사람 한 사람이 최대한의 능력을 발휘할 수 있게 한다.

리처드 브랜슨은 위임의 대가이다. 한때 일론 머스크가 자기 시간을 너무 많이 갈아 넣고 있는 모습을 보며 위임을 가르쳐 주겠으니 자신을 찾아오라고 한 일화가 있다.

물론 지금은 일론 머스크가 리처드 브랜슨보다 더 많은 돈과 명성을 가진 상태이긴 하지만 언제나 일론은 힘들어 보이고 리처드 브랜슨은 행복해 보인다. 나 역시 많은 사업을 혼자서 다 하지 못한다. 리더로서 꼭 익혀야 할 역량이다.

8. 날아가는 총알보다 더 빠르게 움직여라.

브랜슨은 기회를 포착할 때 재빨리 행동에 착수한다. 그는 예외적으로 짧은 의사결정 단위를 만들어 냈다. 그래서 그의 계열사들은 덩치가 작다. 각각이 빠르게 의사결정을 내릴 수 있도록 무게를 가볍게 했기 때문이다.

9. 회사 규모는 중요하다.

기발하게 생각하되 단순하게 운영하라. 새로운 기업을 만들어 내는 것이 버진의 주특기이다. 위와 같은 내용으로 항상 회사 규모를 작게 유지했고 정말 없어서는 안 될 사람으로만 구성을 한다. 위임의 대가만이 할 수 있는 능력이다.

10. 대중성을 잃지 마라.

리처드 브랜슨의 궁극적인 재능은 대중의 인기를 얻는 자질에 있다. 이것이 바로 그의 지속적인 성공과 명성의 비결이라고 할 수 있다.

그는 열기구를 타고 세계 일주를 하다가 죽을 뻔하기도 했고 챌린저호를 타고 대서양을 가장 빨리 가로지르는 세계 기록을 경신하기도 했다.

여성 스튜어디스의 차림으로 자신의 항공사 비행기에 올라타 서빙을 하기도 했다. 이렇게 그는 대중에게 다가가 친근함을 유지하려고 했다.

진정한 또라이가 아닐 수 없다. 하지만 나 역시 '또라이'이기 때문에 언젠가는 그럴 날이 올 것이다.

- 2022년 6월 15일/춘천 소방서장 주진복

〈기분 좋은 공감 메일 제21호〉
제목: 오은영 박사님 명언

직원 여러분! 무더위에 고생이 많습니다. 최근 화재, 속보설비, 수난 사고, 벌집 제거 등 출동이 너무 많은 것 같아요. 벌집 제거는 통계를 보니까 하루에 평균 20건 이상 출동하더라구요.

수고가 많구요, 노고에 감사드립니다.

현장 활동 시에는 정말로 개인 안전에 유의하세요. 특히 출동·귀서 시 교차로 등에서 정차 또는 서행 후 좌우 확인하시고 통과하세요. 옆에 탑승한 선탑자도 함께 안전 확인하여 주시면 감사하겠어요.

제가 오은영 박사님을 섭외 특강 좀 부탁드려 보려고 했는데, 워낙 바쁘신 분이라 쉽지가 않네요. 대신 오은영 박사님의 어록을 몇 개 정리해서 여러분께 알려 드리니 참고하시면 도움이 될 거예요.

〈오은영 박사님 명언〉

1. 육아를 완벽하게 하려고 하지 마세요. 완벽한 부모가 좋은 부모가 아니라 최선을 다하는 부모가 좋은 부모입니다.
2. 아이가 건강하고 독립된 존재로 거듭날 수 있도록 지켜봐 주는 것이 부모의 역할입니다.
3. 내 아이는 내가 잘 안다고 자부하기보다는 내 아이를 잘 알려고 노력히는 한 해가 되었으면 합니다
4. 우리는 열심히 했던 경험을 기억할 뿐 그깟 숫자를 기억하며 살지는 않습니다.

5. 아이들은 허용이 있어야 진짜 '금지'를 배웁니다.
6. 아이에게 애정 표현이 어렵다면, 그냥 으스러지게 꽉 안아 주세요.
7. 때로는 부모와 부딪히고 때로는 부모가 정말 미울 때도 있어요. 하지만 아이들에게 부모란 옆에 그냥 있는 것만으로도 그 존재가 놀랍고 위대한 것입니다.

- 2022년 7월 20일/춘천 소방서장 주진복

〈기분 좋은 공감 메일 제24호〉
제목: 저 여름휴가! 재택근무 합니다

직원 여러분! 최근 무더위에~ 장맛비에~ 현장 활동 및 현안 업무 추진하느라 노고가 많습니다. 우리가 해야 할 임무이기는 하지만요~

지난 8월 7일(일)이 가을의 문턱에 들어서는 입추(立秋)였더라고요. 세월이 참 빠른 것 같습니다. 좀 있으면 가을~ 겨울~

지난 8일과 9일 이틀 동안 수도권 및 강원 지역에 내린 폭우로 많은 인명과 재산 피해가 발생하였습니다. 특히 피해는 수도권에 집중되었고 우리 춘천 지역에서는 다행히도 큰 피해가 없었습니다.

이 모두가 직원 여러분의 재난 예방과 대응 노력의 결과가 아닌가 생각을 합니다. 다시 한번 감사를 드리고 몇 가지만 당부드립니다.

요즈음 정치·경제·사회적으로 어수선합니다. 이러한 시기에 직원 여러분께서는 각자 몸조심하세요. 분위기에 휩쓸리지 않도록~

장마가 아직 끝나지 않은 것 같습니다. 일상 현장 활동 시는 물론이거니와 특히 비 많이 올 때 미끄러질 수 있으니 급하게 서두르지 말고 안전에 유의해서 행동하시기를 당부드릴게요. (차량 교차로 안전, 동료 안전 보살펴 주세요.)

장맛비가 계속 오락가락해서~ 대부분 춘천에서 재택근무 하고 있을게요. 필요하시면 연락 주세요. 기꺼이 응하겠습니다.

- 2022년 8월 11일/춘천 소방서장 주진복

〈기분 좋은 공감 메일 제25호〉
제목: 모든 것에 감사하는 마음을 가지자

직원 여러분! 글로 뵙는 게 오랜만이죠. 제가 좀 게을러서~ 어제 직원 여러분들의 소방 활동 상황을 살펴보았습니다. 화재 오인, 구조·구급, 생활 민원 등 출동이 많았더라고요.

신고 유형을 보면 아주 다양했습니다. 속보 설비 작동(비일비재), 도로에 나무 쓰러짐, 원룸에 연기 자욱함, 지하에 물 고임, 침대에 팔 끼임, 안마 의자에 다리 낌, 소화전에 물 샘, 심정지 등 각종 상황들이 다 다릅니다.

우리 소방관이 모든 것에 전문가가 되어야 할 이유가 여기에 있는 것 같습니다. 물론 우리 시각이 아니라 국민들의 눈높이에서 봤을 때입니다. 이번 제11호 힌남노 태풍으로 인해 우리 강원도에는 큰 피해가 없어서 다행스러웠습니다.

그러나 전국적으로 12명이 사망·실종되었고 주택 등 1만 2천여 건의 피해가 발생하는 안타까운 사고가 있었습니다.

직원 여러분! 이제 며칠 후면 추석 명절입니다. 늘 그래 왔듯이 우리 소방관들은 비상경계 근무를 해야만 하는 막중한 책임이 있습니다.

누구를 위해서? 네. 우리 소방 가족을 포함한 국민들의 안전을 지키기 위해서 입니다.

애쓰시는 직원 여러분의 노고에 감사의 인사를 올립니다.

직원 여러분! 행복한 가정을 이루고 즐겁게 직장 생활을 하기 위해서는 어떻게 해야 됩니까? 네. 우리가 모든 것에 감사하는 마음을 가지고 살면 된다고 감히 말씀드려 봅니다.

"나에게 행복한 가정을 이루게 해 줘서 감사하고, 또 나에게 일할 수 있는 직장을 주셔서 감사하고." 등등 이제 태풍이 지나가고 나니 날씨가 가을의 문턱에 성큼 다가온 것 같습니다. 반바지 입고 집 밖으로 나갔더니 아침·저녁엔 쌀쌀하더라구요. 여름휴가 모두 다녀오셨는지요. 아직 휴가 못 가신 분들은 가을휴가 가셔야 될 것 같네요. 저도 10월 초쯤 가을휴가 가려고 합니다.

직원 여러분! 노파심에 당부 말씀 드립니다. 우리 직업은 늘 안전사고에 노출되어 있습니다.

개인 안전은 내 몸에 습관화를 시켜야 합니다. 사소하고 아주 작은 위험 요인이라도 간과하지 말고 살피고 또 경계해야 한다는 거 잊지 마시기 바랍니다.

또 재난 현장 출동·귀서 시에는 서둘지 말고 교차로 등에서 서행하며 좌우에서 차가 오는지 안 오는지 반드시 안전 확인(선탑자 함께) 후 통과하시기 바랍니다.

모두 건강하게 추석 연휴 잘 보내시기 바랍니다.

- 2022년 9월 7일/춘천 소방서장 주진복

〈기분 좋은 공감 메일 제26호〉
제목: 성장하는 삶을 위해 이 가을! 책 읽기에 빠져 보자

뜨거웠던 여름이 가고 가을의 문턱에서 강력한 태풍이 두 차례 지나갔다. 다행히 강원도는 큰 피해가 없었다. 최근 들어 맑은 가을 하늘과 함께 아침저녁으로 기온이 내려가 다소 쌀쌀해졌다.

우리는 가을을 천고마비의 계절, 독서의 계절이라고 한다. 그 이유는 여러 설이 있지만 '출판업계의 마케팅'설이 있다.

출판업계가 비수기 불황을 타개하기 위한 방법을 고민하던 중 가을을 독서의 계절로 선포했다는 전략설이 꽤나 신빙성이 있어 보인다.

요즘은 고물가·고금리·고환율 등 3고로 인하여 대내외적으로 빨간불이 켜져 있다. 이렇게 사회·경제적으로 힘든 시기에 여러분은 어떤 삶을 살고 있는가?

그냥 일희일비(一喜一悲)하지 않고 강물에 물 흘러가듯이 순리대로 살고 있는지, 아니면 삶에 변화를 좀 줘서 발전하는 삶을 살고 있는지?

순리자(順理者)와 역행자(逆行者)라는 개념에 대해서 한번 살펴보

자. 우리 삶에 있어서 95%의 인간은 타고난 운명 그대로 평범하게 살아간다. 이를 순리자라고 한다.

그리고 나머지 5%의 인간은 정해진 운명을 거스르는 능력을 갖추고 있다. 그들은 이 능력으로 인생의 자유를 얻고 경제적 자유를 누리고 있다. 이와 같이 정해진 운명을 거역하는 자를 역행자라고 부른다.

최근 본인은 우연찮게 자청(자수성가한 청년) 저자의 《역행자》라는 자기 계발서를 접하게 되었다.

그래서 몇몇 직장 동료와 함께 단체로 책을 구입해서 읽고 토론 한번 해 보자고 제안한 바 있다.

이 책은 단 20편의 영상으로 10만 구독자를 넘어서며 화제를 모았던 유튜버 자청의 첫 책으로 가난을 넘어 경제적 자유와 행복을 얻기까지 저자가 찾아낸 7단계의 성공 원리를 담고 있는 베스트셀러이다.

나는 《역행자》를 읽고 잠시 생각에 잠겨 봤다. 나를 비롯한 가족, 직장 동료, 지인들 거의 모두가 순리자에 속하는 것이 아닌가! 역행자는 단순히 경제적 독립을 위한, 즉 돈을 벌기 위한 지침서가 아니라, 모든 사람들의 삶의 지침서라고 생각한다.

여기서 정주영 전 현대그룹 명예 회장의 어록 하나를 회고(回顧)해 본다. "이봐, 해 봤어!" 어려운 일을 앞에 놓고 주저하는 회사 간부들을 질책하고 독려할 때 그가 자주 썼던 말이다. 이 말은 포기하고 좌절하지 말고 적극적인 자세로 도전하라는 표현이다.

작가 자청은 20살 무렵 도전 정신으로 200여 권의 책을 독파하여 얻은 치트(비밀)키들을 활용해 창업에 연이어 성공하였으며, 그는 역행자의 모든 단계는 돈 버는 방법으로 위장되어 있지만, 사실은 어떻게 하면 인생을 행복하게 살 수 있을까 하는 방법에 대한 이야기라고 한다.

가을 독서의 계절을 맞아 《역행자》라는 책을 읽고 요약정리 기록하는 시간을 한번 가져 보기를 직원들께 권한다.

'수불석권(手不釋卷)'이라는 고사성어가 있다. "손에서 책을 놓지 않는다."라는 뜻으로 독서의 중요성을 다시 한번 강조하고자 한다.

마지막으로 우리 삶에 있어서 독서(input)와 글쓰기(output)가 가장 큰 행복이라는 것을 우리 모두 다시 한번 인지(認知)할 필요가 있다.

- 2022년 9월 23일/춘천 소방서장 주진복

〈기분 좋은 공감 메일 제27호〉
제목: (공감) 미라클 모닝 의미 있게, 나만의 루틴!

가족(부모, 아내, 자녀)에게 잘해 주세요.
내가 살아온 불규칙한 삶을 진단해 봅니다.
5년 전 "몰입, 최고의 나를 만나다"라는 서울대학교 황농문 교수님의 유튜브 강의를 들었던 기억이 최근 들어 새록새록 떠오릅니다.
그 강의의 요점은 "나는 누구인가, 어떻게 살 것인가, 어떻게 죽을 것인가"에 대한 내용으로 이 세 가지는 인문학에서 던지는 질문이라고 합니다.
저도 몇 번 이 세 가지 질문에 대해서 고민해 본 적은 있습니다. 그러나 쉽게 답을 찾기가 어려웠습니다. 정답이라고 한다면, 무의식적인 삶을 살고 있는 우리 인간들의 각자의 마음속에 있지 않나 생각을 해 봅니다.

여기서는 이 세 가지 질문에 대한 답을 찾고자 함이 아니라, 제가 지금까지 살아온 삶에 대해 편하고 쉽게, 간단하게, 거창하지도 않게 진단해 보고 싶었습니다. 우리 이웃님들(직원분들) 앞에서~

결론적으로, '기공메자'의 삶은 그리 평범하지는 않았습니다.

이제 2년 6개월 후면 정년퇴직입니다. 벌써 퇴직할 나이가 되었나 자문해 봅니다. 마음은 이팔청춘, 본 직장에 입사한 지도 엊그제 같은데 말이죠. "세월은 유수와 같다."라는 말처럼 이제 실감이 조금 나는 것 같습니다.

결혼한 지도 어언 25년이 되었으나, 울 여보에게 제대로 된 선물 한 번 하지 못했습니다. 울컥!

저는 결혼기념일은 잊으래야 잊을 수가 없습니다. 왜냐구요? 바로 전 국민이 다 아는 5.18 광주 민주화 운동 그날이기 때문입니다. 금년이 결혼 25주년인데 역시 카톡 문자로 대신하고 말았습니다.

> 정지연 님! 안뇽! 당신과 만나 25년 동안 때로는 싸우기도, 때로는 알콩달콩, 너무나 행복한 시간을 보냈죠. 아들 잘 케어하며, 남의 편에게 언제나 든든한 후원자가 되어 주어서 늘 고맙고 감사해요.
> 25주년 결혼기념일! 다이아 반지라도 끼워 주어야 하는데 그러지 못해 미안하고 경제적으로 현금 부자가 되는 그날까지 기다리시오.
> 오늘 저녁에 막걸리 파티하면서 우리 가정에 사랑과 행복이 넘치도록 노력하자구요~
> 우리 25주년 결혼기념일 서로 축하하고 당신을 많이 사랑해요!
> 소방관 아빠로부터(2022년 5월 18일 수요일 카톡 문자)

제가 이번 달로 직장 생활 33년 9개월이 되었네요. 그동안 직장에서는 동료 직원들과 동고동락하며 불편·불만 없이 잘 지내 왔던 것 같습니다.

그러나 저 개인적으로는 나름 목표(조직의 발전 등)를 위해 밤낮, 주말 가리지 않고 열심히 노력하여 좋은 성과도 많이 있었다고 자평합니다.

이러한 과정 속에서 주말 낮에는 초과 근무하고, 평일은 밤 12시까지 일하다가 늦게 귀가하고, 또 일이 한가하지는 않았지만 업무가 조금 적을 때에는 동료 직원들과 음주하다가 늦게 귀가하는 일이 반복이 되었습니다.

그러다 보니까 울 아들은 아빠 얼굴을 제대로 못 본 채로 성장을 했고, 집은 말 그대로 하숙집이었습니다. 지금에 와서 생각하니 아들에게 너무 미안한 마음이 들었습니다. 그래도 엄마 케어 받으며 잘 성장해 줘서, 고맙고 감사할 따름입니다.

〈아빠가 잘못한 것〉

1. 일 때문에 늦고!
2. 술 때문에 늦고!
3. 가정은 하숙집 같고!
   → 쓰리 '고'를 반성합니다.

벌써부터 규칙적인 루틴으로 살았어야 했는데 좀 늦은 감이 있습니다. 뭔가 부족한 삶! 다시 한번 반성해 봅니다.

"늦었다고 생각할 때가 가장 빠르다."라는 속담처럼 제2의 삶을 위한 루틴을 만들어 보고자 합니다.

주동윤 블로거님의 "루틴이 중요한 이유2"에 공감 받고~

▶ **먼저, '루틴'이 뭔지 알아볼게요.**

우리가 요즈음 사용하는 루틴은 쉽게 말하자면 통상적으로 반복되는 자신만의 습관이나 패턴, 규칙을 의미합니다. 루틴을 오랫동안 반복하다 보면 자연스러운 행동 방식으로 자리 잡게 됩니다.

예를 들어, 스포츠 선수들은 자신의 운동 능력을 발휘하는 데 최상의 컨디션과 이상적 몸 상태를 위해 항상 실천하는 행동, 즉 자신만의 루틴을 가지고 있다고 합니다. 대한민국의 자랑! 손흥민 선수의 루틴에 대해서 알아볼게요.

손흥민 선수는 자신만의 왼발 루틴을 가지고 있다고 합니다. 오른발잡이이지만 왼발을 잘 사용하기 위해서 항상 오른발보다 왼발을 먼저 사용하면서 감각을 익혔다고 합니다.

양말을 신을 때, 신발을 신을 때, 바지를 입을 때 그리고 발걸음이나 슈팅 훈련 시에도 항상 오른발보다 왼발을 먼저 사용했다고 합니다. 또한 리그가 시작되면 정크 푸드를 먹지 않고 자유 시간에 외출을 하지 않으면서 평정심을 유지했다고 합니다.

이러한 손흥민 선수의 철저한 루틴 덕분에 득점왕이라는 훌륭한 성과를 이룰 수 있었다고 감히 진단해 봅니다.

가령, 나는 오늘 새벽 1시 잉글랜드 프리미어리그 손흥민 경기를 꼭 보고 잘 거야. 이런 것이 나만의 루틴이겠죠. 루틴은 직장·가정생활, 사회생활 등 모든 분야에 적용될 것 같네요.

▶ 루틴은 왜 만들어야 할까요?

첫 번째, 나만의 루틴을 만들면 고민할 필요가 없게 됩니다. 자기 자신에게 타협하지 않고 매일 새로운 일과를 정해서 할 필요가 없어집니다. 그저 오늘 할 일만 생각하면 됩니다.

두 번째, 루틴을 지키는 것은 작은 성공을 지속적으로 맛보기 위한 과정입니다.

세 번째, 사람들이 뭔가를 시작하지 않는 가장 큰 이유는 모든 단계와 계획이 확실하게 정해진 다음에 시작해야 한다고 생각하기 때문

입니다. 성공이란 수많은 일상의 반복이 모여 만들어지는 것입니다. 지금 당장 예측할 수 없지만~

네 번째, 목표는 최대한 잊어버리세요! 현재 상태에서 바라보는 목표가 너무 멀리 있는 것같이 느껴지면 포기하고 싶은 마음이 들고 점점 나와는 상관없는 일이 되어 버립니다. 목표는 잊어버리는 대신에 목표를 하루 일과에 녹여 내는 시스템을 만드는 과정이 필요합니다. 목표에서 의미를 찾기보다 "작은 반복의 과정에 집중" 한 번 해 보세요.

'기공메자'의 일상 루틴 실천

〈평일 루틴〉

1) 기상 시간: 저는 아침 7시에 알람을 맞춰 놓고 취침을 합니다. 그런데 이상하게도 5~6시에 잠에서 깨서 세면하고 누룽지 끓이는 것(7시 30분쯤 울 여보와 간단한 아침 식사) 외에는 특별히 하는 일이 없는 것 같습니다. 아! 중요한 게 하나 더 있네요. 이웃님들 블로그 들어가서 공감·댓글 소통하는 게 있습니다. 그래도 아침 여유 시간 1시간 정도는 왔다갔다 어영부영 보내는 것 같습니다. 기상 후 루틴을 제대로 한 번~
아침 시간 자투리 1시간 활용 → 스트레칭·스쿼트 (선택), 텃밭 정리

2) 출근 시간: 아침 8시 직장으로 출발! 직장에서의 루틴은 다음 기회 되면 포스팅하겠습니다.

3) 퇴근 시간: 저녁 미팅 등 특별한 일이 없으면 저녁 6시 바로 집으로 갑니다.

4) 저녁 식사: 저녁 6시 30분부터 7시 30분까지 저녁 식사 마치고, 30분 정도 휴식 시간

5) 텃밭 순찰: 저녁 7시부터 8시까지 전원주택 내 심어 놓은 농작물(참외, 오이, 고추, 가지, 방울토마토, 상추, 깻잎, 대파, 부추, 시금치, 옥수수)과 과수나무(배, 포도, 자두, 대추, 돌배, 마가목)에 물도 듬뿍 주고 또 어디 아픈 데는 없는지 등을 잘 살펴보고 아픈 친구들은 친환경 약제로 처방을 해 줍니다.
지난해는 6년 동안 성장했던 사과나무가 벌레 때문에 몸살을 앓아서 살충제(농약)로 처방했다가 한 그루뿐인데 사망하셨답니다. 흑흑~

6) 운동 시간: 저녁 9시부터 10시까지, 전원주택 부지 내에 컨테이너로 체력 단련실을 만들어 놓았는데 지금까지 운동 습관이 부실했습니다. 운동기구는 러닝머신 2대, 철봉, 역기, 윗몸 일으키기, 실내 자전거 등이 있습니다. 반성합니다. 이웃님들께 공표합니다.
내일부터 바로 운동 시작하겠습니다.

7) 블로그 글쓰기: 운동 시간이 끝나면 세면하고 밤 10시경, 하루를 되돌아보고 초딩 블로거가 글쓰기로 이웃님들과 열심히 소통하겠습니다. 매일 하지는 못해도 주말 포함해서 많게는 4회, 적게는 2회 정도 포스팅! 노력하겠습니다.

8) 다음 날 위해 취침: 가능한 밤 12시경 이내 취침 노력하겠습니다. 제가 평소에는 불면증이 있어서 이리 뒤척, 저리 뒤척 숙면하지 못했습니다. 이제 루틴을 만들어 생활하면 운동이 포함되어 있어서 편하게 잘 수 있지 않을까 생각을 합니다.

〈주말 루틴〉

주말은 토요일, 일요일 중 가능한 하루만 세컨드 하우스(주말농장)에 가서 보내려고 합니다. 어떤 때는 주말 이틀 모두 주말농장에 가서 일을 하다 보니, 이건 힐링이 아니라 노동이 아닌가 싶었습니다. 이제는 천천히, 좀 쉬어 가며 하렵니다. 건강이 최고 아니겠습니까? 저의 루틴이 지켜질 수 있도록 많은 응원 부탁드려요.

〈'기공메자'의 루틴 요약〉

1. 스쿼트 200~300회(새벽 6시)
2. 러닝머신 걷기 1시간(저녁 9시)
3. 블로그 이웃 소통(저녁 10시)

4. 주말 세컨드 하우스 한 번만 가기
5. 주말 중 하루 자전거 타기(3시간)
　→ 성공하는 사람에겐 그만의 루틴이 있다.

- 2022년 9월 28일/춘천 소방서장 주진복

〈기분 좋은 공감 메일 제31호〉
제목: 소통(疏通)이 뭔가요? 또 인내(忍耐)는 뭘까요?

직원 여러분! 시간이 참 빨리 가는 것 같습니다. 2022년 시작이 엊그제 같은데 벌써 막바지에 왔네요. 이제 한 달 하고도 이틀 더 남았네요.

그동안 직원 여러분께서 각종 재난에 잘 대응하고 선·후배 동료 직원 상호 간에도 커다란 불협화음 없이 소통하며 잘 지내 와서 고맙고 감사하다는 말씀을 드립니다.

직원 여러분! 소통이란 뭘까요? 네. 공감(共感)의 다른 표현이라고 하죠. 타인의 입장에서 그 사람의 생각과 감정을 이해하려고 노력하는 일종의 상상력이라고 합니다.

그 상상력을 자신의 행동으로 연결할 줄 아는 자가 "소통에 능한 사람이다."라고 합니다. 남을 나보다 낫게 여기는 마음은 '뜻이 같아졌다.'라는 의미가 아니라 '함께 갈 수 있다.'라는 의미입니다.

누군가가 나보다 낫다고 생각하는 겸손과 아량을 가진 사람이 많아지는 조직은 비굴해지는 것이 아니라 성숙해지는 것입니다.

'소통'은 내 뜻이 관철되는 것이 아니라 함께 갈 수 있는 겸손한 마음이라고 하죠. 소통은 말처럼 쉽지는 않아요. 그래서 "소통은 고통스러운 인내 없이는 불가능하다."라고 합니다.

인내에 대해서 한번 살펴볼까요. 인내의 인(忍)은 심장(心)에 칼날(刃)이 박힌 모습을 본뜬 글자입니다. "칼날로 심장을 후비는 고통을 참아 내는 것"이 바로 '인내'인 것이죠.

각박하고 예측할 수 없는 힘난한 세상을 살아가자면 누구나 가슴에 칼날 하나쯤은 있기 마련입니다. 저를 비롯한 직원 여러분 모두에게 칼날이 있을 거예요.

문제는 "그것을 참느냐 못 참느냐, 거기서 삶이 결정되어 진다."라고 감히 생각을 해 봅니다.

제가 늘 당부드리는 말씀이 있어요. "안녕하세요", "감사합니다", "죄송합니다" 위 세 가지를 가슴 한편에 꼭꼭 숨겨 뒀다가 필요시 과감하게 사용하세요. 아셨죠?

- 2022년 11월 28일/춘천 소방서장 주진복

〈기분 좋은 공감 메일 제32호〉
제목: 항상 감사하는 마음으로 살자

두 눈이 있어 아름다움을 볼 수 있고,
두 귀가 있어 감미로운 음악을 들을 수 있고,
두 손이 있어 부드러움을 만질 수 있으며,
두 발이 있어 자유스럽게 가고픈 곳 어디든 갈 수 있고,
가슴이 있어 기쁨과 슬픔을 느낄 수 있다는 것을 생각합니다.
건강한 모습으로 뜨거운 가슴으로 이 아름다운 한 세상을 살아가고 있다는 것에 오늘도 감사합니다.
서로에게 안부를 묻고 서로에게 눈인사를 나누고 마음을 전하는 그런 반가운 사람 그런 사람이 된다는 건 참으로 행복한 일이겠지요.
뒤는 돌아보지 말고 앞에 있는 소망을 향해 달려가요.
세상에 태어나서 단 한 번 살고 가는 우리네 인생 아름답고 귀하게 여기며 서로 사랑하고 마음을 나누며 살아요.
사랑은 시간이 지날수록 줄어들지만 정은 시간이 지날수록 늘어납니다.
사랑은 좋은 걸 함께할 때 더 쌓이지만 정은 어려움을 함께할 때 더 쌓입니다.
사랑은 돌아서면 남이지만, 정은 돌아서도 우리입니다.
나에게 닥치는 문제는 언제나 내가 해결할 수 있는 범위 안에 있습니다.
신은 결코 우리에게 스스로 해결할 수 없는 문젯거리는 던져 주지 않습니다.
끝까지 일을 손에서 놓지 마세요. 할 일이 없으면 주변 청소부터 하세요.

주변과 몸과 마음이 깨끗하면 어둠이 들어오지 못합니다.

나에게 주어진 일이 있으며, 내가 해야 할 일이 있다는 것을, 날 필요로 하는 곳이 있고, 내가 갈 곳이 있다는 것을 생각합니다.

하루하루의 삶의 여정에서 돌아오면 내 한 몸 쉴 수 있는 나만의 공간이 있다는 것을, 날 반겨 주는 소중한 이들이 기다린다는 것을 생각합니다. 제가 누리는 것을 생각합니다.

아침에 보는 햇살은 기분을 맑게 하며,

사랑의 인사로 하루를 시작하며,

아이들의 해맑은 미소에서 마음이 밝아지며,

길을 걷다가도 향기로운 꽃들에 내 눈 반짝이며,

한 줄의 글귀에 감명 받으며,

우연히 듣는 음악에 지난 추억을 회상할 수 있으며,

위로의 한마디에 우울한 기분 가벼이 할 수 있으며,

보여 주는 마음에 내 마음도 설렐 수 있다는 것을,

나에게 주어진 것을 누리는 행복을 생각합니다.

볼 수 있고, 들을 수 있고, 만질 수 있고, 느낄 수 있다는 것에 건강한 모습으로 뜨거운 가슴으로 이 아름다운 한 세상을 살아가고 있다는 것에 오늘도 감사합니다.

고맙습니다. 사랑합니다.

- 2022년 12월 8일/춘천 소방서장 주진복

〈기분 좋은 공감 메일 제33호〉
제목: 누구나 만들 수 있지만, 아무나 만들기 어려운 것!
'기본기를 다지자.' 그리고 기다리지 말고 '지금 시작하자.'

우리는 살아가면서 종종 존경할 만한 실력자 또는 능력자를 만나곤 한다. 그들에게는 '기본이 충실한 사람'이라는 공통분모가 있다.

단순 요령이나 잔기술이 아닌 오랜 시간을 들여 정성스레 가꾼 기본기다. 기본의 사전적 정의는 '사물이나 현상, 이론, 시설 따위를 이루는 바탕'이다.

삶의 기본은 태어날 때부터 재능으로 물려받는 것도 아니고, 그렇다고 가르쳐 주는 학원이 있는 것도 아니다. 또 경제적 능력에 따라 달라지지도 않는다.

누구든지 만들 수 있지만, 아무나 만들기 어려운 것! 바로 '기본'이다.

기본을 잘 갖춘 사람은 지속적으로 성장한다. 스스로 계획하고 자신과 경쟁하며 그 계획을 성취한다.

여기서 인생의 방향을 고민하는 세 부류에 대해서 알아본다.

첫째는 자신이 어디로 가야 하는지 모르는 사람,

둘째는 멋진 목적지를 바라보기는 하지만 가려고 하지 않는 사람,

셋째는 자신이 가고자 하는 목적지를 분명히 알고 있고 실제로 가고 있는 사람이다.

자신이 어디로 가야 할지 모르는 사람들은 혼란스러움을 느끼면서도 매일 똑같은 삶을 산다.

학원에 다니거나 독서 모임 등에 참석하며 성장하고 있는 듯해도,

목적지가 없기에 태양 주변을 맴도는 행성과 같다.

멋진 목적지를 바라보지만 가려고 하지 않는 사람들은 한숨만 쉬거나 자신을 절망과 포기 속에 가두는 경우가 많다.

산에 대해 전문적인 지식이 없지만 에베레스트산에 오르겠다고 결심한 것처럼 어쩌면 너무나 높은 목적지를 꿈꾸고 있는 게 아닐까. 아니면 수많은 실패의 경험, 게으름 등이 발목을 잡는지도 모른다.

그러나 자신이 가고자 하는 목적지를 분명히 알고 실제로 가는 사람들은 그 목적지로 가기 위한 중간 목적지를 선택하는 지혜가 있다.

마치 정상에 오르기 위해 중간중간 산장에 들르는 것처럼 말이다. 굽이굽이 돌아가기도, 가파른 내리막을 만나기도 한다.

하지만 마음속에 단 하나의 목적지가 있는 이들에게 이것은 과정일 뿐이다. 이렇게 자신의 길을 알고 묵묵히 헤쳐 나가는 사람들에게는 자신감이라는 큰 선물도 주어진다.

그래서 지금부터 시작하자! 누구처럼? 아래 공동 저자처럼!

★ 조연희 주임: "놓치고 싶지 않은 나의 꿈 나의 인생"

★ 김승규 반장: "내 꿈은 즐거운 한량"

★ 소방관 아빠: "배움의 열정은 계속된다"

→ 큰 주제: 《놓치고 싶지 않은 나의 꿈》 출판사·서점 판매 중입니다. 원본 전자책은 직원 여러분과 공유해요. 도전해 보시기를~

- 2022년 12월 20일/춘천 소방서장 주진복

〈기분 좋은 공감 메일 제34호〉
제목: 사소한 시빗거리도 '미소'로 화답

석가모니가 제자와 길을 가다 어느 마을에 이르렀는데 건달들이 못된 욕을 합니다.
그러자 제자가 묻습니다.
"스승님, 그런 욕을 듣고도 웃음이 나오십니까?"
"이보게~ 자네가 나에게 금덩어리를 준다고 하세. 그것을 내가 받으면 내 것이 되지만, 안 받으면 누구 것이 되겠나?"
"원래 임자의 것이 되겠지요."
"바로 그걸세. 상대방이 내게 욕을 했으나 내가 받지 않았으니 그 욕은 원래 말한 자에게 돌아간 것일세. 그러니 웃음이 나올 수밖에."

우리가 사회생활 하다 보면 타인으로부터 듣기 싫은 또는 불편한 소리를 듣는 경우가 가끔씩 있을 겁니다. 그럴 때는 좋은 소리만 듣고 듣기 싫은 소리는 듣지 말고 받지도 마십시오.
또 이 시간 이후부터 긍정적인 이야기, 소리만 듣고 받으세요. 훨씬 마음이 편해집니다. 오늘도 행복한 시간 되세요~

- 2022년 12월 21일/춘천 소방서장 주진복

〈2023년 기분 좋은 공감 메일 제1호〉
제목: 새해! '패자 부활전'에서 한번 이겨 봐

 오늘은 2023년 첫 공감 메일을 쓰는 날이어서 형아 모드로 글을 한번 써 볼게. 반말한다고 뭐라 그러지 마! 이해해 줄 거지?

 지난 1월 2일 자(소방령 이상)와 오늘(소방경 이하) 정기 인사 발령 임용장 수여 행사가 다 끝나고 계묘년 새해 업무가 시작되었어.

 타 관서 전출 가신 분께는 1년 동안 우리 관서에서 동고동락하며 지냈던 세월! 감사했고 고마웠다는 말을 전하고 싶어.

 (형아가 너무 고마웠다고 누가 좀 전해 줘…. 왜? 이제 원통해서 못 보니까…. 1년 후 형아는 공로연수 가기 때문이지.)

 또 우리 춘천 소방서로 전입 오신 직원 분과 승진하신 분 그리고 높은 경쟁률을 뚫고 입사한 새내기 소방관님! 진심으로 환영하고 축하해. 선·후배 동료 직원들과 상호 존중하며 친하게 잘 지내 봐.

 춘천 소방서 직원 여러분! 형아를 비롯한 모든 사람들은 새해가 되면 새로운 결심을 하게 돼.

 사람마다 다 다르겠지만, 대부분의 사람들은 지난 삶을 되돌아보며 부족했던 점을 고치고 채우겠다는 선언을 하지.

 그래서 또다시 찾아온 새해를 '패자 부활전'이라고도 해. 왜 '패자 부활전'일까? 매년 오는 새해마다 계획을 세우고 결심은 하는데 '작심삼일'에 끝나지. 그래서야….

 한 번에 너무 많은, 너무 어려운 결심은 지키기 어렵지! 실행 가능한 소소한 계획부터 세워 봐. 어떤 게 있을까?

쉬운 예를 한번 들어 볼게. 올해부터 주방 설거지는 반드시 내가 전담으로 할 거야. 형아 경험에 의하면 설거지하는 시간은 많은 생각을 하기 때문에 창의적인 생각이 잘 떠올라. 일석이조 아니겠어? 아내를 도와주고 나는 생각과 고민을 많이 하니까 머리가 좋아지지.

(휴~우! 앞으로 설거지를 계속… 내가?)

담배 끊기, 체중 줄이기, 술 멀리하기 등도 도전 한번 해 봐.

실패한다고 뭐라 그럴 사람 없어. 새해는 매년 오니까….

새해 결심이 연말에 가서 완성이 되지 않아도 아무 결심을 안 했던 것보다 백번 낫지. 중요한 것은 실패를 겪으면서 깨닫는 거지.

형아가 한 가지만 부탁할게. 미라클 모닝 새벽 시간과 취침 전 시간을 활용해서 자기 계발서 등 좋아하는 책 10장만 매일 읽는다고 결심을 해 봐.

한 달이면 300장 분량의 책 한 권을 거뜬히 독파할 수 있어. 1년이면 12권…. 마음의 병이 있다면 다 치유되지. 형아도 시작한 지 얼마 안 됐어. 한번 도전해 봐!

우리가 조그만 목표라도 달성하면 자존감과 자신감이 높아지는 효과를 맛볼 수 있어. 그러니 도전하고 결심하는 게 맞지.

올 한 해도 형아와 함께 여러분의 성장과 춘천 시민의 안전을 지키기 위해서 열심히 달려 보자고… 알았지!

- 2023년 1월 4일/춘천 소방서장 주진복

부록 3
공감 메일 답변(피드백) 모음

안녕하세요… 서장님!
직원분들과 소통하려고 노력하시는 서장님,

서장님처럼 이렇게 소통 메일을 보내 주시는 분이
없으셔서 약간은 다들 쑥스러워해서 그렇지,

아마도 많은 직원분들도 공감 메일을
잘 보고 있을 거라고 생각합니다.

보낸 사람: 대룡 119 안전센터. 신○○
받는 사람: 주진복
보낸 날짜: 2023-01-03 오후 6:59:28
받은 날짜: 2023-01-04 오전 8:48:23

안녕하십니까. 서장님.
대룡센터 구급대원 신○○입니다. 종무식 때 만들어 주신 '가족 영상' 감사드립니다. 단 하나의 기대도 없이 가족 영상을 보는 순간 놀랍기도 하고, 또 한편으로는 누가 이렇게 했을까? 궁금하기도 했습니다. 남편과 아이들이 감쪽같이 저에게 비밀로 하고 끝까지 알려 주지 않았더라고요. 22년 한 해가 저희 부부에게 육아로 유독 힘든 해였는데 서장님 덕분에 많은 위로가 되었습니다. 또 제가 소방이라는 조직에 들어온 계기가 아이들 때문이었는데 다시 한번 돌아볼 수 있는 계기가 되었습니다. 감사합니다. 힘들게만 끝날 것 같았던 한 해가 따뜻한 마무리가 될 수 있었습니다. 따뜻한 겨울 보내시고, 건강하십시오. 서장님 척~오!!

보낸 사람: 소방행정과. 조○○
받는 사람: 주진복
보낸 날짜: 2023-01-04 오후 4:27:47
받은 날짜: 2023-01-04 오후 4:27:48

메일 열어 보고 읽다가 깜짝 놀랐어요.
너무 웃겨서요. ㅋㅋㅋ

졸음이 살짝 오려다가 확 달아났어요, 형아!!
저도 매일매일 뭔가 해야겠다고 결심 중인데
오늘부터 정말 블로그 1일 1포 좀 해 봐야겠습니다.
그 글이 개인적인 글이든, 회사에서의 보고서든
정말 잘 써 보고 싶어졌어요~
형아~ 많이 알려 주세요. ^^

보낸 사람: 소방행정과. 권○○
받는 사람: 주진복
보낸 날짜: 2023-01-04 오후 3:53:23
받은 날짜: 2023-01-04 오후 3:53:24

서장님 공감 메일 첨으로 받아 보네요.
점심 먹고 서고에도 다녀왔습니다.
제가 관심 있어 하던 책도 보이더군요~
서장님 말씀이 여러 가지로 도전도 되고 좋습니다.
감사~ ^^

보낸 사람: 소방행정과. 배○○
받는 사람: 주진복
보낸 날짜: 2023-01-04 오후 3:33:44
받은 날짜: 2023-01-04 오후 3:33:45

패자 부활 공감하는 말씀입니다. ㅎㅎㅎㅎ
올해는 운동하는 해로 정했습니다.
코로나 동안 약 10kg이나 살이 쪄서 ㅎㅎㅎㅎㅎ
올해는 운동해서 살을 좀 빼야지 하면서
수영을 시작했습니다.
아침 7시부터 1시간 수영을 하고 출근을 하니
지금은 쪼끔 피곤한 시간입니다. ㅎㅎㅎㅎ
며칠 지나면 적응을 하겠지요.
올해 결심 연말에는
접영을 할 수 있는 실력을 만들겠습니다.
올 한 해 건강하시고 복 많이 받으세요…….

보낸 사람: 신북 119 안전센터. 송○○
받는 사람: 주진복
보낸 날짜: 2023-01-04 오후 3:29:38
받은 날짜: 2023-01-04 오후 3:29:39

새해 목표
손녀 딸 하루 한 권 동화책 읽어 주기

올해 안에 턱걸이 20회 이상 하기입니다. ^*^

보낸 사람: 대응총괄과. 한○○
받는 사람: 주진복
보낸 날짜: 2023-01-04 오후 3:29:08
받은 날짜: 2023-01-04 오후 3:29:09

오늘부터 책 읽기 하루 10장 도전하겠습니다.
서장님 감사합니다!! ^^

보낸 사람: 소방행정과. 오○○
받는 사람: 주진복
보낸 날짜: 2023-01-04 오후 3:19:12
받은 날짜: 2023-01-04 오후 3:19:13

ㅎㅎㅎㅎㅎㅎㅎ서장님~ 아니 형아~~
올해 첫 1호 공감 메일 너무 내용이 좋았어요~~
너무 즐겁게 읽었습니다~
올해도 패자 부활전 시작해 보겠습니당.

보낸 사람: 예방안전과. 반○○
받는 사람: 주진복
보낸 날짜: 2023-01-04 오후 4:58:44
받은 날짜: 2023-01-04 오후 4:58:45

저도 형아의 글을 본 동생의 입장으로
답장을 남기겠습니다….

형님! 좋은 글 잘 봤습니다.
작년 저의 큰 실수로 인해 춘천 소방서의 명예를 실추시켜
제 자신에게 실망도 많이 하고
스스로를 돌아보게 되었습니다.
최근까지도 마음이 강하지 못해 힘든 시간을 보냈으나
형님이 예전부터 말씀하신 대로 매일매일 퇴근 후
책을 조금씩 읽으니
신기하게도 마음이 많이 안정되었습니다.
주변에서 많이 위로도 해 주시고
또 따끔하게 충고도 해 주신 덕분에
지금은 제 삶에 더 집중하고 열심히 살고 있습니다.
이번 일을 발판 삼아
강원 소방과 춘천 소방서에
더 보탬이 되는 소방관이 되겠습니다!!
항상 직원들을 위해 좋은 글 써 주심에
다시 한번 감사드립니다!
새해 복 많이 받으세요!!!

보낸 사람: 주진복
받는 사람: 반○○
보낸 날짜: 2023-01-04 오후 5:02:27

형아 글로 인해
민수에게 도움이 되었다고 하니
고맙고 감사하네.
지난 잘못들은 독서,
책장 한 장 넘길 때마다 날려 버린다고 생각하면
금방 잊힐 거야.
힘내자고.
파이팅하고.

보낸 사람: 소방행정과. 조○○
받는 사람: 주진복
보낸 날짜: 2022-12-20 오후 2:48:37
받은 날짜: 2022-12-20 오후 2:48:38

서장님 안녕하세요~
아까 사무실에서 뵈었지만
공감 메일을 받으니
감사의 말씀을 전하지 않을 수가 없었습니다.
올해는 서장님 덕분에

넘 좋은 시간들을 선물 받았습니다.
생각지 못한 책이 이렇게 만들어지니
마음이 좀 수줍지만 뿌듯하네요^^
직장에서의 선배님이시지만 인생의 멘토로서
늘 많은 것들을 알려 주셔서 감사합니다.
남은 오후도 편안히 보내세요^^

보낸 사람: 소방행정과. 오○○
받는 사람: 주진복
보낸 날짜: 2022-12-20 오후 2:50:10
받은 날짜: 2022-12-20 오후 2:50:10

33호 공감 메일과 전자책 잘 읽었습니다.
세 분 모두 멋지십니다.
남은 2022년은 좀 더 행복해지기 위해
고민 좀 해 봐야겠네요.
첫 번째 부류 같기도, 두 번째? 세 번째? ㅎㅎ

보낸 사람: 예방안전과. 이○○
받는 사람: 주진복
보낸 날짜: 2022-12-20 오후 2:57:19
받은 날짜: 2022-12-20 오후 2:57:20

서장님! 늘 건강하세요~!
오늘 유익한 말씀 감사합니다.
내년에 전자책 공저 출간까지 함께하고 싶습니다.
미리 번호표 뽑고 줄 서 봅니다…ㅎ

보낸 사람: 신북 119 안전센터. 장○○
받는 사람: 주진복
보낸 날짜: 2022-12-20 오후 3:04:28
받은 날짜: 2022-12-20 오후 3:04:28

안전!!
신북센터에서 근무하고 있는 소방사 장○○라고 합니다.
공감 메일을 보고 나니
과거에 묵묵히 소방 공부를 하던 모습이 떠올랐습니다.
합격이 정해지지 않은 공부를 하면서
불안과 걱정을 갖고 한편으로는
부모님이 걱정하시지 않게 웃으면서
나갔던 기억이 났습니다.

합격하고 돌이켜 보면
묵묵히 자기가 원하던 목표를 가지고 앞으로 나아가 노력을 하게 되면
언젠가는 그 목표를 얻게 되고 그 목표를 얻음으로써 자신에게도
자신감이라는 선물을 주는 거 같습니다.
누구나 무엇을 준비하게 되면
불안과 걱정을 가지고 있다고 생각합니다.
하지만 그 불안과 걱정을 품고 즐겁게 자신이 가고자 하는
목적지를 향해 나아가면 분명 그 사람의 인생은 다른 사람들보다
더 멀리, 더 높이 나아갈 거라고 생각합니다.
"불안도 인생의 한 부분, 자신감을 가지고 즐기자."
글 쓰는 실력이 많이 부족해서 죄송합니다.
2022년도 얼마 남지 않았지만
항상 춘천 소방서 직원분들을 챙겨 주셔서 감사합니다.
이런 공감 메일 덕분에 춘천 소방서 서장님께
안부 인사를 드리게 되어 영광이라고 생각합니다.
새해 복 많이 받으십시오! 안전!!

보낸 사람: 현장대응단. 안○○
받는 사람: 주진복
보낸 날짜: 2022-11-29 오전 7:32:24
받은 날짜: 2022-11-29 오전 8:27:06

서장님
좋은 말씀 감사합니다.
늘 긍정적으로 직원을 대하는 마음이
가슴 속 뭉클하게 다가옵니다.
부처 눈엔 부처만 보이고,
돼지 눈엔 돼지만 보인다고 하듯이
서장님의 시각엔 모두 다 선한 직원들만 보이시나 봅니다. ^^
늘 변함없으신 서장님 존경합니다.
항상 건강하십시요~

보낸 사람: 소양 119 안전센터. 손○○
받는 사람: 주진복
보낸 날짜: 2022-11-28 오후 5:17:50
받은 날짜: 2022-11-28 오후 5:17:52

항상 좋은 글 감사합니다.
서장님도 추위에 감기 조심하시고요!
인내하고 참고 즐기며 살겠습니다.

보낸 사람: 신북 119 안전센터. 송○○
받는 사람: 주진복
보낸 날짜: 2022-11-28 오후 4:57:09
받은 날짜: 2022-11-28 오후 4:57:12

소통은 인내가 필요하네요.
세대 차이가 많아 소통이 어려운데
답은 인내가 필요하네요. ^*^
참으면서 소통해 보겠습니다.

보낸 사람: 소방행정과. 박○○
받는 사람: 주진복
보낸 날짜: 2022-11-28 오후 4:53:52
받은 날짜: 2022-11-28 오후 4:53:55

오늘도 좋은 글귀 잘 읽었습니다.
감사합니다. ^^
감기, 독감, 코로나 이런 거
절대 걸리시면 아니 되옵니다~
저도 조심하겠습니당!!

보낸 사람: 후평 119 안전센터. 고○○
받는 사람: 주진복
보낸 날짜: 2022-11-21 오후 3:15:20
받은 날짜: 2022-11-21 오후 3:15:21

서장님 수고하셨습니다. 그리고 감사합니다.
서장님 공감 메일을 보고 나면 아~ 공감이 가더라고요.
실천으로 못 옮기지만 몇 번 시도는 해 보았습니다. ^^
아직도 머릿속에는 남아 있어서
앞으로 계속 진행 중이 될 것도 같습니다.
그전에 40대 초반에 엄청 스트레스 받고 힘들 때가 있었는데 우연히 친구가 너무 감명 깊게 읽었다고 건넨 책을 읽고 마음에 평화를 찾은 적이 있었습니다.
달라이 라마의《행복론》이란 책인데
줄거리가 그때 제 입장의 이야기를 하는 것 같은…. ^^
그 책을 제가 다 읽고
다른 친구한테 도움이 될 거라고 건네준 적이 있습니다.
서장님 항상 감사합니다. 안~~~전 ^.^

보낸 사람: 소방행정과. 오○○
받는 사람: 주진복
보낸 날짜: 2022-11-21 오후 3:12:45
받은 날짜: 2022-11-21 오후 3:12:46

기존에 참여했던 종합 훈련과는 다른…
서장님도 함께 만들어 가는 훈련…이라는
감정을 느끼게 된 기간이었습니다~
추워서 힘들었지만 먼가 같이! 함께! 한다는
느낌에 따뜻했던 지난주였습니다.
"2023년에는 좀 더 나은 삶을 살아 보자."
"준비될 때까지 기다리지 마세요. 내가 살아 보니까."
이 글귀가 가슴에 맴도네요.
남은 한 달…
새벽 운동도 시작해 보고…
좀 더 제 삶에 대한 고민과 실천을 해 보겠습니다.
공감 메일 잘 읽었습니다.

보낸 사람: 소양 119 안전센터. 손○○
받는 사람: 주진복
보낸 날짜: 2022-11-21 오후 2:51:39
받은 날짜: 2022-11-21 오후 2:51:40

서장님!
항상 노력하고 수행하는 모습이 아름답습니다.
멋지십니다.

보낸 사람: 소방행정과. 박○○
받는 사람: 주진복
보낸 날짜: 2022-11-21 오후 2:47:48
받은 날짜: 2022-11-21 오후 2:47:50

88올림픽 공식 지정 소방관 서장님~~
공감 메일 잘 읽었습니다….
늘 따뜻한 글귀 감사드립니다. ^^

보낸 사람: 소방행정과. 조○○
받는 사람: 주진복
보낸 날짜: 2022-10-27 오후 1:46:05
받은 날짜: 2022-10-27 오후 1:46:05

서장님~ 단풍 사진이 넘 예쁘네요. ^^
황지고 친구들은 등하굣길에 힐링이 되겠어요.
저 어제 황상열 작가님한테 공저 4기 신청했어요. ^^
글을 잘 못 써서 부끄럽지만, 열심히 해 보겠습니다.

보낸 사람: 소방행정과. 김○○
받는 사람: 주진복
보낸 날짜: 2022-10-21 오후 4:30:59
받은 날짜: 2022-10-24 오전 8:38:26

오늘 서장님 강의도 좋았고
김미경 대표 강의도 좋았습니다.
훌륭한 강의로 안개 같은 머릿속을 맑게 해 준
두 분께 감사드리며
보내 주신 요약서 잘 읽어 보겠습니다.
감사합니다.

보낸 사람: 대응총괄과. 고○○
받는 사람: 주진복
보낸 날짜: 2022-10-21 오후 4:42:58
받은 날짜: 2022-10-24 오전 8:38:24

서장님, 고○○입니다.
오늘 김미경 강사님 강의 잘 들었습니다.
평상시 유튜브를 통해
김미경 강사님 강의를 많이 들었었는데,
이렇게 직접 실시간 강의를 듣게 되어 너무 좋았습니다.
저는 《역행자》 책자를 읽고,
또한 오늘 김미경 강사의 강의를 듣고
저에게 필요한 것은 무엇일까 생각해 보았는데
다음과 같은 결론을 얻었습니다.
첫째, 전문성을 갖추자 - 화재 조사, 소방학, 안전 관리, 재난 관리, 소방설비, 기타
둘째, 인터넷을 활용하자 - SNS, 페이스북, 유튜브 등
셋째, 이타심을 갖자 - 다른 사람들에게 이익이 될 수 있도록 행동
넷째, 독서를 생활화하자 - 독서와 글씨기 병행, 블로그
다섯째, 영어를 공부하자 - 세계화에 필요한 영어 공부
추신. 역행자에 대한 강의 잘 들었습니다.
감사합니다….

보낸 사람: 현장대응단. 안○○
받는 사람: 주진복
보낸 날짜: 2022-10-23 오전 8:36:24
받은 날짜: 2022-10-24 오전 8:38:23

감사합니다, 서장님.
정말 좋은 자료들 잘 활용하겠습니다.
심한 일교차에 건강 조심하시기 바랍니다.

보낸 사람: 강촌 119 안전센터. 김○○
받는 사람: 주진복
보낸 날짜: 2022-10-21 오후 3:19:46
받은 날짜: 2022-10-21 오후 3:19:47

안녕하십니까? 서장님.
강촌센터장입니다.
오늘 직장 교육 때
김미경 강사님의 초청 강연이 있었습니다.
강연 내용도 좋았지만 서장님께서
직접 김미경 강사님께 편지를 보내셔서
직원들을 위한 공감의 자리를 만들어 주신 것에
더 큰 감동을 느끼게 되었습니다.
직원들도 체육 행사나 직장 교육 방식이 바뀐 것에 대해 공감하고 모두들 좋아합니다.
환절기 건강에 유의하시고 행복한 주말 보내시기 바랍니다.
김○○ 올림

보낸 사람: 강촌 119 안전센터. 엄○○
받는 사람: 주진복
보낸 날짜: 2022-10-21 오후 3:04:46
받은 날짜: 2022-10-21 오후 3:04:47

안전 강촌 119 안전센터 소방교 엄○○입니다.
서장님 공감 메일을 보는데
낯이 익어서 보니 제가 일주일 전 읽었던 책이라
다시 한번 볼 수 있어서 좋았습니다.
그리고
역행자에 대해 서술해 주셔서 감사드립니다.
저도 평소 관심 있는 분야이기도 해서
더욱 공감이 갔습니다. ㅎㅎ
저는 처음
타이탄의 도구들이라는 블로그를 통해
자청이라는 분을 알게 되었는데
아직 전지책이나 관련 책들이 가격이 비싸
구입은 어렵고 가끔씩 무료 강의를 신청해서

듣곤 하는데 나중에라도
꼭 구입해서 보려고 합니다.
감사합니다! 수고하십시오. 안전!

보낸 사람: 신북 119 안전센터. 송○○
받는 사람: 주진복
보낸 날짜: 2022-10-21 오후 2:24:50
받은 날짜: 2022-10-21 오후 2:24:50

오늘 서장님의 역행자 강의와
김미경 강사님의 강의 일맥상통하네요.
모든 직원들이 오늘 직장 교육은 유익했다고 합니다.
저도 처음으로 유명 강사의 강의를 들었습니다.
서장님의 강사님께 보낸 메일도 감동이었습니다.
감사합니다. ^*^ 안전 ^*^

보낸 사람: 예방안전과. 강○○
받는 사람: 주진복
보낸 날짜: 2022-10-21 오후 12:48:54
받은 날짜: 2022-10-21 오후 12:48:54

늘 직원들과 소통하시려는 서장님 감사합니다.
잘 읽겠습니다.

보낸 사람: 소방행정과. 배○○
받는 사람: 주진복
보낸 날짜: 2022-10-21 오후 12:20:29
받은 날짜: 2022-10-21 오후 12:20:30

명강사 섭외해 주신 서장님 감사합니다.
직장 교육 강의 중에 많은 것을 느끼는 시간이었습니다.
보내 주신 자료는 정독하겠습니다….
감사합니다.

보낸 사람: 소방행정과. 박○○
받는 사람: 주진복
보낸 날짜: 2022-10-21 오후 12:19:38
받은 날짜: 2022-10-21 오후 12:19:39

서장님~~ 완전 유익하고 재미있는 강의였습니다….
멋쟁이 서장님 감사합니다~~

보낸 사람: 현장대응단. 이○○
받는 사람: 주진복
보낸 날짜: 2022-10-21 오전 8:53:35
받은 날짜: 2022-10-21 오전 8:53:36

새벽 시간,
오롯이 나를 느끼고 무엇인가에 집중할 수 있는
소중한 시간인 듯합니다. 공감합니다.

보낸 사람: 예방안전과. 엄○○
받는 사람: 주진복
보낸 날짜: 2022-10-20 오후 5:30:26
받은 날짜: 2022-10-20 오후 5:30:25

서장님~ 어제 체육대회 서장님께서 잘 이끌어 주셔서
매우 즐겁고 알차게 보냈습니다.
돌아오는 길에 몇몇 직원들은 분기마다 했으면 좋겠다고.
너무 재미있었다고 하더라구요. ㅎㅎ
항상 좋은 글 감사드리고 감기 조심하셔요~~!

보낸 사람: 후평 119 안전센터. 이○○
받는 사람: 주진복
보낸 날짜: 2022-09-30 오후 9:15:28
받은 날짜: 2022-10-04 오전 8:21:42

안녕하십니까, 서장님!
저야 그저 이○○ 반장이 원하는 대로 했을 뿐인데
편집을 너무 잘해 줬더라구요.
촬영 날 응원도 와 주시고 격려의 말씀 감사합니다.
항상 좋은 글귀 잘 읽고 있는데
구급 출동이 많다는 핑계로
감사 인사를 이제야 이렇게 드리게 됐습니다.
일교차가 큰 날씨에 감기 걸리시지 않게
건강 잘 챙기십시오! 안전!
소방교 이○○ 올림

보낸 사람: 소방행정과. 이○○
받는 사람: 주진복
보낸 날짜: 2022-09-30 오후 6:21:34
받은 날짜: 2022-10-04 오전 8:21:41

서장님. 감사합니다.
직원들 소통을 위해 애쓰시는 서장님 너무 감사합니다.

서장님을 존경하며 저 또한 서장님처럼
소통하고 베푸는 사람이 되도록 노력하겠습니다.
다시 한번 감사드리며,
즐거운 주말 보내시기 바랍니다. ^^

보낸 사람: 신북 119 안전센터. 박○○
받는 사람: 주진복
보낸 날짜: 2022-09-30 오전 9:24:23
받은 날짜: 2022-09-30 오전 9:24:24

좋은 글 잘 읽었습니다.
루틴이란 것이 쉽지는 않지만
한 번 습관에서 일상이 되면 삶의 하나가 되는 거 같습니다.
소양 센터장님과 한 달 전쯤에 통화를 했는데
계속 이런 말을 하시더라구요.
"아무것도 아니야."
작년 코로나로 인하여 3개월 중환자실에 계시다 퇴원해서
근무를 하시고 이런 말을 하면서 그 뜻이 무엇인지
잠시 생각을 해 본 적이 있네요.
물론 저 또한 아파서 3개월 병가 내고
또 다른 루틴을 만들고 가족과 더 가까워지기는 했습니다.
긴 인생 여정 마침표가 아닌 쉼표를 찍으며 삶을 돌아보고
가족들과 좋은 시간을 보냈던 것 같습니다.

제 삶에 중요한 시간을 보낸 거 같네요.

(술을 못 마셨으니 집에 계속 있었고
아이들과 자전거 타고 외부 활동이 많아졌습니다.
등교하면 집사람과 산책하며 보냈네요….)

제가 만든 루틴은 미니멀 라이프.
거창한 것 같지만 집에 물건을 줄이면서
청소 노동과 저 물건으로 무엇을 할 것인가에 대한
고민을 버렸습니다.
시간이 지나며 밴드, 카페를 탈퇴하면서
글 쓰는 것을 멈췄습니다.
댓글 등 사람들의 반응이라는 스트레스에서 해방되었습니다.
이 또한 가족들과 좀 더 가까워지는
계기가 되었던 것 같습니다.
지금은 물건은 나가고 들어오고를 반복하고
핸드폰 앱들은 지우고 설치하고를 반복하지만
사용하는 앱은 열 개 정도 되는 거 같네요.
좋은 글 항상 감사하게 생각하며
처음으로 서장님께 메모를 보냅니다.
즐거운 불금 보내세용~~~

보낸 사람: 소방행정과. 김○○
받는 사람: 주진복
보낸 날짜: 2022-09-28 오후 5:48:14
받은 날짜: 2022-09-28 오후 5:48:14

서장님 좋은 자료 감사합니다.
향후 제가 과장 승진을 하든
또는 신임 지휘관 취임사를 작성하든
많은 도움이 될 듯합니다~~ ^^

보낸 사람: 후평 119 안전센터. 고○○
받는 사람: 주진복
보낸 날짜: 2022-09-28 오후 1:44:44
받은 날짜: 2022-09-28 오후 1:44:45

서장님 잘 보았습니다.
저도 저만의 루틴을 만들어 봐야겠습니다.
감사합니다. 즐거운 하루 되세요. ^^

보낸 사람: 예방안전과. 김○○
받는 사람: 주진복
보낸 날짜: 2022-09-28 오후 1:24:35
받은 날짜: 2022-09-28 오후 1:24:35

주 작가님의 글에 공감합니다.

보낸 사람: 신북 119 안전센터. 송○○
받는 사람: 주진복
보낸 날짜: 2022-09-28 오전 11:51:44
받은 날짜: 2022-09-28 오전 11:51:45

서장님 루틴이 지켜지길 응원합니다.
^*^ 안전 ^*^

보낸 사람: 평창 소방서. 최○○
받는 사람: 주진복
보낸 날짜: 2022-09-26 오후 1:58:27
받은 날짜: 2022-09-26 오후 1:58:29

존경하는 서장님
좋은 글, 좋은 책 알려 줘서 정말 감사합니다.

직원들에게 널리 전파하여 공유하도록 하겠습니다.
오늘도 좋은 하루 되십시요~~~

보낸 사람: 횡성 소방서. 김○○
받는 사람: 주진복
보낸 날짜: 2022-09-26 오전 10:59:44
받은 날짜: 2022-09-26 오전 10:59:44

고맙습니다, 서장님.
불조심 예방만큼 중요한 독서! 좋습니다.

보낸 사람: 소양 119 안전센터. 손○○
받는 사람: 주진복
보낸 날짜: 2022-09-26 오전 8:43:52
받은 날짜: 2022-09-26 오전 8:43:53

서장님!
수불석권이란 어휘가 맘에 듭니다.
자기 수양을 위해 언제나 책과 함께 연찬할 수 있도록
미소 짓겠습니다. ^^
공감 멜 감사합니다!

보낸 사람: 후평 119 안전센터. 이○○
받는 사람: 주진복
보낸 날짜: 2022-09-24 오전 9:39:14
받은 날짜: 2022-09-26 오전 8:30:35

책 읽기에 소홀했는데
서장님의 말씀 덕분에 책 구입했습니다.
좋은 영감을 받을 수 있을 것 같아 기대됩니다.
행복한 하루 보내십시오~ ^^

보낸 사람: 소방장비 회계과. 김○○
받는 사람: 주진복
보낸 날짜: 2022-09-23 오후 12:58:52
받은 날짜: 2022-09-23 오후 12:58:52

네~ 서장님~
감사히 잘 읽겠습니다. ^^

보낸 사람: 소방장비 회계과. 임○○
받는 사람: 주진복
보낸 날짜: 2022-09-23 오전 10:50:43
받은 날짜: 2022-09-23 오전 10:50:43

ㅎㅎ넵!!
역행자가 될 수 있도록 노력하겠습니다. ^^
감사합니다, 서장님!
오늘도 멋진 하루 보내시기 바랍니다. ^^

보낸 사람: 신북 119 안전센터. 송○○
받는 사람: 주진복
보낸 날짜: 2022-09-23 오전 9:34:29
받은 날짜: 2022-09-23 오전 9:34:30

순리자와 역행자, 저는 순리자로 살아온 것 같습니다.
앞으로 역행자로 살려고 노력해 보겠습니다.
독서 정말 언제 했는지 모르겠네요. ^*^안전^*^

보낸 사람: 소방행정과. 배○○
받는 사람: 주진복
보낸 날짜: 2022-09-23 오전 9:26:42
받은 날짜: 2022-09-23 오전 9:26:42

서장님 말씀 듣고 보니
요즘 책을 너무 멀리하고 있네요….
날씨도 좋고 푸른 가을 하늘 아래에서 커피 한잔하며
마음의 양식을 쌓을 수 있는
책 읽기를 실천하겠습니다.
좋은 말씀 감사합니다.

보낸 사람: 후평 119 안전센터. 최○○
받는 사람: 주진복
보낸 날짜: 2022-09-07 오후 3:59:28
받은 날짜: 2022-09-07 오후 3:59:30

글 잘 읽었습니다. ^^
일교차가 제법 심해졌습니다~!
건강 유의하셔서 즐거운 가을휴가 다녀오세요!!
안전하고 즐거운 추석 연휴 보내시구요.

보낸 사람: 신북 119 안전센터. 송○○
받는 사람: 주진복
보낸 날짜: 2022-09-07 오후 3:16:32
받은 날짜: 2022-09-07 오후 3:16:34

저도 직장에 항상 감사하는 마음을 가지고 생활합니다.
요즘 출동이 많아 항상 안전에 최선을 다하고 있습니다.
교차로 통과 시
운전자 좌측 선탑자 우측 확인 후 통과합니다.
^*^ 안전 ^*^